SSTを
ユニバーサル
デザイン化

子どもが思わず動きだす！
ソーシャルスキル
モンスター

JN029362

小貫　悟 ［監修］

イトケン太ロウ ［著］

東洋館出版社

監修者からのメッセージ

　前作「ソーシャルスキルポスター」は、教育現場で子どもの社会性の教育に本気で取り組む教育関係者や親御さんから、幸いにも、ご好評を得た。

　本書「ソーシャルスキルモンスター」は、その方向性をさらに深化させての続編である。

　2020年は、我々にとって忘れられない年となった。コロナ感染症という「見えない敵」との闘いは神経戦で苦しく厳しいものであった。そんな中でも「鬼滅ブーム」があった。人の命を脅かす鬼との闘いを描いたこのアニメは子どもたちの心を捉えた。この「鬼」たちも、元々は、なにげない日常を生きる「人」であった。しかし、様々な、苦しみ、哀しみ、怖れの中で、その怨念だけの化身となり、人を喰う存在にまでになってしまう。

　「見えない敵」と「人を悩ます鬼」を考えさせられた、全国での「非常事態宣言」下で学校も閉鎖された。大人とっても子どもにとっても試練であった。その中でも、子どものことを想い続けるイトケン先生の脳はフル回転する。本書のすべてのアイディアがイトケン先生の脳みそから捻りだされた。どれだけの「モンスター」がイトケン先生の頭の中に棲んでいたのかは知らない。しかし、驚くべき、創造力である。

　社会性につまずく子は、その子自身に問題があるのではない。事情があって身についてしまった行動パターン、習慣、思考に問題があるだけの話である。我々、大人がすべきことは、子どもを叱りつけ、否定することではない。うまくいかなくなる問題を特定し、それを「外在化」することである。「外在化」さえできれば、後はともに、呼吸を合わせ、闘うだけである。

　まずは、闇にまみれて出現するモンスターを見つけることに全集中しよう。

　外在化されたモンスターを攻略する方法の柱は、本書の中でその型が示された。これを基に、それぞれ自分に合う型を見つける、あるいは、作り出してほしい。

　ずっと生き続けるモンスターなどいない。それを信じられないときに無惨な雰囲気が生じる。必ず、困り果てている子どもたちは救い上げられる。

　さあ、「モンスター」は、日の下に引き出された。すぐに転生させてあげよう。

監修者　明星大学教授　小貫　悟

まえがき

　前著『子ども・クラスが変わる！ソーシャルスキルポスター』の続編に当たる支援法「ソーシャルスキルモンスター」を開発し、この度、書籍として刊行することになりました。

　ソーシャルスキルポスター（SSP）が、問題解決のための手段を見える化したものだとすると、ソーシャルスキルモンスター（SSM）は、問題行動そのものを見える化したものという位置づけになります。

　学校現場においては、知的には問題がなくても情緒面に課題があり、自らの行動や思考を制御できずに自己肯定感を下げ続けている子供たちがいます。その支援に頭を悩ませている先生方は多くいると思いますが、私自身もその悩みを抱える一人でした。

　情緒的な課題のある子供たちの多くは、問題行動を指摘すると、指摘された内容より指摘されたことにキレてしまいます。結果、行動改善のステップになかなか進めず、時間だけが過ぎていく状況に陥ってしまいます。

　「子供をキレさせることなく、我々が伝えたいことを伝える術はないか…」その打開策を考える中で生まれたのが、このSSMです。「指摘するとキレてしまうなら、指摘せずに子供自身に気付かせ、そこから改善の道に自ら進めるように導けばいい」と考えました。望ましくない自らの状態に子供が気付けるようにするためのサインがSSMで、その具体的な改善策がSSPです。

　キレてしまう子供たちの多くは、後になって振り返ると、自分の振る舞いを反省し、そうしてしまう自分のことを良くないと理解しています。でも、良くないと分かってはいても、また同じことを繰り返してしまい、そういう自分に嫌気が差してくるのです。そうした子供たちの自己肯定感を、これ以上下げないようにするのに、すでに時間の猶予はありません。

　しかし、個の発達に寄り添いたくとも、集団としての育ちも両立させなければならない、そんな私たち教員の役割の大きさに、藁をもつかむ思いでいる方は決して少なくないと思います。

　今回、本書をまとめるに当たり多くの方々からのお力添えをいただきました。

　まず、前著同様、明星大学の小貫悟先生には、様々な視点でご助言をいただきました。支援の可能性は大きくも決して正攻法とは言えない「曲者」的なSSMを、数多くある特別支援教育の手段の一つとして提案できるまでになったのには、小貫先生のご示唆があってこそです。

　また、SSMを先行実践してくださった都内各地の先生方には、趣旨から外れず、しかも子供たちが楽しめるようなオリジナリティ溢れる工夫をした実践法やその成果について貴重な情報をお寄せいただきました。そのフィードバックから、私自身、SSPやSSMの可能性や新たな発想について学ばせていただきました。

　SSMはある意味、SSTの裏技であり、SSTの奥の手と言えるかもしれません。「いろいろ試したけれども万策尽きた…」という先生方の一筋の光明に、そして、自分自身の課題にあまり深刻になり過ぎず、楽しみながら自分と向き合っていきたい子供たちの足場に、このSSMがなれれば幸いです。

2021年1月　著者　イトケン太ロウ

子どもが思わず動きだす！
ソーシャルスキルモンスター

実践編

理論編

モンスター編

ソーシャルスキルモンスターって、どうやって使うの？

ソーシャルスキルモンスターの使い方は…

モンスターの提示

↓

読み聞かせ

ソーシャルスキルモンスター（以下、SSM）の使い方はとてもシンプルです。

・SSM を提示する
・モンスターが出現する場面やその影響力、出現の理由や背景を読み聞かせる

たったこれだけです。非常に手軽なので、明日から使うことができます。

　子供たちが集団、あるいは個々で起こしがちな問題行動とモンスターをつなげることで、子供たちの意識を変えて行動改善を促します。学校での全体指導場面や個別指導場面、通常学級と特別支援教室との連携場面、家庭教育など、様々な場面で活用してみてください。

詳しくは…

p.14 へ

SSM って、何のためのものなの？

SSM とは…

```
┌──────────────┐
│   問題行動    │  ┐
└──────────────┘  │
      ＋           │  問題行動の        ソーシャル
┌──────────────┐  │  イメージ化        スキル
│   ラベリング  │  ┘                  モンスター
└──────────────┘
      ＋
┌──────────────┐
│   イラスト    │
└──────────────┘
```

　SSM とは、「場面や状況によって起こる子供たちの問題行動に、興味をそそるような名前を付けてイメージ化し（ラベリング）、さらにイラストを付けて、その子供たちの心理状態や社会的な状況を、冷静かつ客観的に捉えさせるためのサイン」です。基本は中学年以上向けにそれぞれのモンスターの設定をしていますが、低学年でも十分活用できるものもあります。

　秩序を失ったクラスや情緒的な課題のある子供への指導において、直接的に問題行動を指摘してしまうと、状況が逆に悪化してしまうということがよくあります。ユーモアを加味した間接的な指摘をすることで、事態の打開を図るための一手になり得ると考えています。

詳しくは…

p.14 へ

子供たちの自己肯定感が下がらないのは、
どうして？

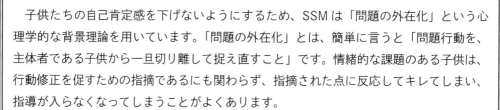

Answer

SSM の効果の理由は…

「問題の外在化」を背景理論にしているから

> 例：A くんが「あいさつをしない」という問題行動をとる状況で

【問題の外在化を用いない】

　あいさつをしないのは、A くんがやろうとしないから。

　A くん、しっかりあいさつしなさい。

【問題の外在化を用いる】

　あいさつをしないのは、「知らんプリン（モンスター）」の仕業かもしれない。

　A くん、一緒に「知らんプリン」を攻略しよう。

　子供たちの自己肯定感を下げないようにするため、SSM は「問題の外在化」という心理学的な背景理論を用いています。「問題の外在化」とは、簡単に言うと「問題行動を、主体者である子供から一旦切り離して捉え直すこと」です。情緒的な課題のある子供は、行動修正を促すための指摘であるにも関わらず、指摘された点に反応してキレてしまい、指導が入らなくなってしまうことがよくあります。

　「問題行動を起こしてしまうのは、あなたのせいではない」「私もあなたと一緒に、その問題に取り組んでいきたい」というメッセージを、当事者である子供たちに届けることが、私たち支援者がまずしなければならないことです。

詳しくは…

p.34 へ

子供たちが楽しみつつ効果が出るのは、どうして？

SSM の支援の構造は…

一見悪そうで、良くないことを仕掛けてくる悪者のような存在

ギャップによる
意外性

実際はゆるキャラみたいで、良くないことを仕掛けてくるには理由や事情があって、自分たちに願いや期待をかけている憎めない存在

　「モンスター」と聞いて、「怖い…」「危険なもの…」と警戒する子供もいるかもしれません。でも、実際はゆるキャラのような容姿で、問題行動（いたずら）を仕掛けてくるにはそれなりの理由ややむを得ない事情があるという設定にしています。これらの情報を理解した子供たちは、そのギャップによる意外性から、モンスターに親近感を覚えるようになります。「○○のような理由があるのなら仕方ないか…」と、上級生が下級生のわがままを許容するかのような感覚で、モンスターとの距離感を縮めていきます。中には、「なぜ、いたずらを仕掛けてくるのか…」と理由に注目し興味を抱く子供も出てきます。

　「モンスター」という設定に抵抗がある場合は、「クラスの裏マスコット」「いたずらゆるキャラ」など、子供の警戒心を緩めるような設定にしてもよいでしょう。

詳しくは…

p.25 へ

問題行動が起こる状況はいろいろあるけど、
どこで使えるの？

Answer

SSM が使えるところは…

通常学級
通常学級の個別指導
特別支援教室
通常学級と特別支援教室の連携
特別支援学級
全校
家庭

　SSM は、状況に応じた使い方をすることで、様々な問題行動の指導場面において活用することができます。問題行動が起きたその場での即時評価や、問題行動の振り返りや次への対応策の考察など、「問題行動」を扱うにはあらゆる場面や状況が想定されます。SSM は、子供の有する「ことば」と「イメージ」の力を使って、自分自身の状態を俯瞰して捉え直すための支援です。場面や状況を選ばず SSM を活用できるのは、子供たちがそうした力をもっているからなのです。

詳しくは…

 p.17 へ

Question

SSM を使うと、子供たちにどんな変容があるの？

Answer

SSM の活用で見られる変容は…

自己肯定感が下がりにくい
自分を客観視（メタ認知）できる
感情コントロールができる
トラブルを解決・回避できる
トラブルの予防策・解決策を考えられる
意思表示ができるなど

　SSM は、その場面や状況で起こると考えられる問題行動にラベリング（イメージ化）し、さらにイラストを併記することで、子供たちの感情を刺激せずに自身の心の状態や置かれている状況に気付かせていきます。

　SSM の主たるねらいは、「子供たちの自己肯定感を下げずに、思考・行動の改善を促す」ことにあります。自分の状態を冷静に見極め、適した思考・行動のスキルを選択実行し、成功体験が積み上がっていけば、子供たちの自己肯定感は上がっていきます。

　様々な場面や状況を想定し 35 種類のモンスターを用意しましたが、必要に応じてモンスターのネーミングをアレンジすることも可能です。クラスや子供の実態と必要性に応じて、アレンジして活用してください。

詳しくは…

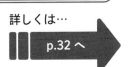
p.32 へ

効果がでないときはどうすればいいの？

効果がでないときは、ソーシャルスキルポスターと併用しよう…

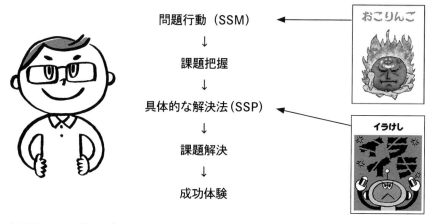

問題行動（SSM）
↓
課題把握
↓
具体的な解決法（SSP）
↓
課題解決
↓
成功体験

おこりんご

イラけし

　SSM を活用しても効果が見られないときは、「ソーシャルスキルポスター（SSP）」を併用してみましょう。

　SSM が担う役割は、問題行動を当事者である子供たちから切り離し、冷静に客観的に捉え直すことにあります。モンスターをいかに攻略するか、つまり問題行動に具体的にどのように対処していくかという対処法を示す役割は担っていません。その対処法である具体的な思考および行動のレパートリーを示す役割を担っているものが「ソーシャルスキルポスター（SSP）」です。

　既刊『子ども・クラスが変わる！ソーシャルスキルポスター』に掲載されている 35 項目と、SSM の 35 種類は完全対応しています。SSM で課題把握し、SSP で課題解決すると成功体験が増え、結果的に子供たちの自己肯定感が高まっていく、という循環をつくっていきます。

詳しくは…

p.28 へ

実践で気を付けることは？

実践する上で配慮することは…

 モンスターを使って子供を怖がらせ、脅かして行動の修正を図る

 モンスターを使って子供の問題行動に気付かせ、解決のきっかけを示す

　SSM の最も大切にしているねらいは、「何度注意されても、なかなか行動の修正ができない子供の自己肯定感を、それ以上下げないようにする」ことです。「モンスター」という設定にしているのは、子供の興味関心を引き出し、楽しんで課題に向き合っていけるようにするためです。

　SSM は、決して子供をモンスターで脅かして、行動の修正を求めるものではありません。ましてや、問題行動をしてしまう子供をモンスター化するものでもありません。この支援法の趣旨やねらいを正しく理解し、子供の成長を後押しするためのものとして活用してください。

詳しくは…

 p.24 へ

11

実践編

ソーシャルスキルモンスター（SSM）とは？

　SSM とは、「子供たちの問題行動に、子供たちの気をひく名前とイラストを付けてイメージ化（ラベリング）したもの」です。その子供や集団の状況を、冷静かつ客観的に捉えさせるためのサインとなります。

　まずは、モンスターを提示して、子供たちに読み聞かせをしてみましょう。

　SSM は、その場面や状況に応じたソーシャルスキルを上手に使えないときに出現するモンスターです。適切にソーシャルスキルを運用することで攻略することができます。子供たちには、「モンスターを攻撃して全滅させるのではなく、作戦を立てて攻略することで転生（減少）させよう」と声かけしてください。子供たちに問題行動をイメージ化しやすくするとともに、事前に対応策を考える場面でもその効力を発揮します。

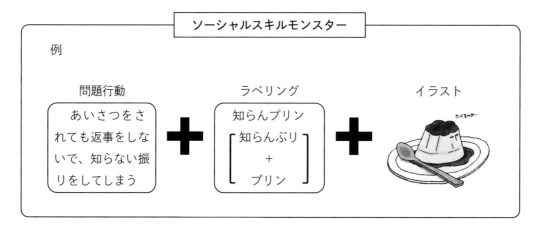

ソーシャルスキルモンスター

例

問題行動　　　　　　　　ラベリング　　　　　　　イラスト

あいさつをされても返事をしないで、知らない振りをしてしまう

＋

知らんプリン
［知らんぷり
＋
プリン］

＋

◆ SSM のねらい

・問題行動を起こしてしまう子供の自己肯定感を下げずに、課題に向き合わせる

・子供たちの感情を刺激せずに、自身の状況や状態に気付かせる

・問題行動に対する予防および対処の仕方を事前に考えさせることで、成功体験を増やす

　SSM のコンセプトは、「自分が悪いということは分かっている」「直したいと思ってはいても、自分の力ではどうにもならない」という子供の自己肯定感を下げないことです。そして、自分の良くない点を指摘されるとイライラが増大してしまう子供に対し、刺激しないように自らの現状に気付かせて、修正改善に向かわせていくことにあります。

SSM の特徴

◆ 心理学における「問題の外在化」の手法を用いる

　問題行動を外在化し子供から一旦切り離して捉えることで、子供の自己肯定感を下げないようにすることに重きを置いています。「問題行動を起こすあなたが悪い」のではなく、「問題行動が起こるのは、あなたのせいではないんだよ」というメッセージをまずは子供に届けます。（詳しくは理論編（P34）へ）

◆ 問題行動を冷静に捉えつつ愛着をもたせる

　問題行動をモンスターに置き換えることで、子供たちの感情を刺激せずに自分の状態や状況を冷静に捉えさせます。そして、子供たちが親しみを感じるモンスターを設定し、子供たちが問題行動を敵視せず受け入れながら攻略していくことを促します。モンスターに愛着を覚え、楽しみながら集団で包み込んで問題行動を改善していけるようにします。

◆ 子供も大人も目指す価値を問い直す

　「空気は読まなければいけないものなのか」「友達はたくさんいなければいけないのか」「謝られたらすぐに相手を許さなければならないのか」など、その環境における目指す価値について、子供も大人も改めて考えるきっかけにします。望ましい価値ではあっても、解決に至るまでにやむを得ない状況や例外など、含みや幅をもたせた解釈、納得も促します。

◆ SSP（ソーシャルスキルポスター）に対応

　『ソーシャルスキルポスター』で提示されている 35 場面に完全対応する形でモンスター 35 種類が設定されています。SSM で課題把握し、SSP でその対応の戦略を明らかにすることで、さらに大きな効果を引き出します。

SS モンスター	項目	ねらい	アイテム
①知らんプリン	あいさつ	気持ちの良いあいさつができる	だれでもあいさつ はやおしあいさつ セレクトあいさつ
②ヤリッパ	整理整頓	身の回りの整理整頓をする	つくえクリーナー せいリゴコロ 美化ピカファインダー
③まぁまぁレード	食事	マナーよく給食を食べる	いろたべ おとタテズ 三つ星マナー

SSM の使い方

◆ **ステージを設定しよう（ステージ例：ソーシャルスキルモンスターを攻略しよう）**

　より効果を高めるために「ステージの設定」を行い、学習の前提を整えましょう。次のような子供たちが入り込めるような SSM の世界観をつくれば、さらに学習効果も高まります。

・問題行動の陰には「ソーシャルスキルモンスター（SSM）」がいる
・SSM は住んでいた元の世界があるが、事情があって現世に迷い込み、漂っている
・SSM は出現するタイミングをいつもうかがっている
・SSM は出現すると「いたずらフォース」を使ってみんなに問題行動を起こさせる
・SSM をみんなが攻撃して消滅させようとすると、逆に増強増殖してしまう
・SSM はそれぞれの理由や事情に共感してもらえるとフォースが弱まり、転生に向かう
・SSM を攻撃するのではなく、親しみをもちながらアイテムなどを使って攻略し、SSM が引き出す現象（問題行動）を減少させていく
・SSM が引き出す現象（問題行動）が減少したら、SSM は転生して、それぞれの場所へ戻っていく

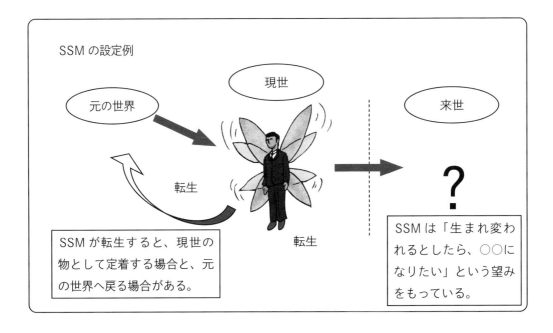

SSM の設定例

元の世界　→　現世　→　来世

転生

転生

?

SSM が転生すると、現世の物として定着する場合と、元の世界へ戻る場合がある。

SSM は「生まれ変われるとしたら、○○になりたい」という望みをもっている。

======= 基本的な使い方 =======

◆ モンスターの提示（理由や背景の説明）

① SSM を 1 枚選び、裏面の解説文を読んでモンスターを紹介する。

②これまでの生活でこのモンスターを目にしたり感じたりしたことがあるか子供に聞きながら
　モンスターと子供たちの実生活をつなげる。

③ SSM を教室の壁に貼る。

◆ 評価

①問題行動が出てきたら「○○（SSM の名前）、出てない？」と問い、現状に気付かせる。

②子供たちがアイテム（SSP）などを運用して、互いに協力的補完的に SSM が引き出す問題
　行動を減少させていたら、即時評価して褒める。さらに、クラス全体でその共有化を図る。

③帰りの会などで子供が相互評価する場を設定するなど、問題行動を減少させている友達を見
　かけたら褒め合うようにする。

※「子供同士が互いに協力的補完的に問題行動を減少させている姿や場面」とは…

　・アイテム（SSP）などを意識して、自分の思考や行動を調整している。

　・問題行動をとる友達に、そっと教えたり気付かせたりして思考や行動の変容を促してい
　　る。

　・問題行動をしていた友達を慰めたり励ましたりして次につなげようとしている。

◆ 展開

　・提示する SSM を週に 1 枚ずつ選んで繰り返す。SSM の名前をアレンジしてもよい。

======= 発展的な使い方 =======

◆ モンスターの提示（理由や背景の説明）

① SSM を 1 枚選び、裏面の解説文を読んでモンスターを紹介する。

②このモンスターと似たようなモンスターを、これまでの生活で目にしたり感じたりしたこと
　はないか子供に聞く。

③似たようなモンスターがいたら「どのような状況や条件で出やすいか」「どのような対応を
　すれば攻略しやすいか」など、情報を出し合う。

④似たようなモンスターに名前を付ける。

⑤モンスターをイラストにする。（イラストは子供が描いてもよい）

⑥オリジナル SSM を教室の壁に貼る。（P26 参照）

◆ モンスターの提示（理由や背景の説明）

①対象となる子供に「自分でよくないと思うところ」「直したいところ」など問題行動と思っていることはないか聞く。

②子供が挙げた問題行動に対し、子供自身に改善したいという意思があるか確認する。

③改善、修正の意思があったら、SSM を見せて自分の問題行動に当てはまるものを選ばせる。（※改善、修正の意思がない場合は、無理に進めず、時間を空けるか他の策を考える）

④「SSM が出現したらどうするか？」「出現しないようにするにはどうすればよいか？」対処するために運用するアイテム（SSP）などを子供と一緒に考える。

⑤必要に応じて、SSM を縮小印刷して子供にもたせ、モンスターが出てきそうな場面を意識させたり子供に自身の状態をモニタリング（メタ認知）させたりするときに使う。

◆ 評価

①問題行動が出てきたら「○○（SSM の名前）、出てない？」と、子供に自分の現状に気付かせる。

②アイテムなどを運用し子供が、SSM が引き出す問題行動を減少させていたら、支援者が即時評価して褒める。

③セルフチェック表などを用意し、アイテムなどを運用して、SSM の引き出す問題行動を減少できたかどうか子供に自己評価させる。

④結果的に減少できなかったとしても、減少させようとした意欲については必ず褒める。

通常学級と特別支援教室との連携

◆ 事前打合せ

通常学級・特別支援教室

①通常学級での子供の課題を受け、特別支援教室での支援の長期目標を確認する。

②中期目標あるいは短期目標として、場面や状況における子供の望ましい行動および問題行動を選定する。

③②の望ましい行動をするため、あるいは問題行動を抑制するためのターゲットスキルを選定する。

④特別支援教室で SSM のステージの設定や SSP の提示を行い、その運用を特別支援教室、通常学級の双方で促し評価していくことを確認する。

◆ ステージの設定

特別支援教室

・「ソーシャルスキルモンスターを攻略しよう！」

◆ モンスターの提示（理由や背景の説明）

①特別支援教室担当が対象となる子供に「自分でよくないと思うところ」「直したいところ」 など問題行動と思っていることはないか聞く。

②子供が自分で挙げた問題行動に対し、子供自身、改善修正したいという意思があるか確認する。

③改善修正の意思があったら、通常学級担任と目標として決めた望ましい行動、抑制すべき問題行動に子供の気持ちを寄せていき、SSM を見せて自分の問題行動に当てはまるものを選ばせる。

　（例　ぼくは怒りやすいから「おこりんご」を出さないようにします）

④「望ましい行動をするにはどうすればいいか」「SSM が出現しないようにするにはどうすればよいか」「SSM が出現したらどうすればいいか」について、対処するために運用するアイテム（SSP）などを子供と一緒に考える。

　（例　「おこりんご」を出さないようにするために「いかりメーター」を使います。「おこりんご」が出てしまったら「イラけし」を使います）

⑤必要に応じて SSM や SSP の縮小印刷した個別のカードをつくり、子供にもたせる。

⑥必要に応じて子供にセルフチェック表を渡す。

⑦支援者は、評価シートを共有する。

◆ 評価

通常学級・特別支援教室

①特別支援学級担当が、通常学級担任と共有できる評価シートを作成する。

②学級担任と特別支援教室担当が、対象となる子供がそれぞれの指導場面でアイテムを運用し、適切に SSM に対処していたら即時評価して褒め、共有している評価シートに記録する。

③セルフチェック表などを用意して子供に自己評価する場を設定し、SSM に対処していたかどうかを自分で確認させるようにする。

④評価シート、セルフチェック表などを見ながら振り返りをして、特別支援教室担当が子供に SSM の対処の仕方（アイテムの運用）についてのアドバイスをする。

⑤特別支援教室担当がアドバイスしたことを、通常学級担任に伝える。

こんな風に使えます！SSM の活用アイデア

1 「集まれ！モンスターの学級」（通常学級　6年生）

　高学年ともなると、誰かに注意されてしまったとき、自分に非があるのは分かっていても、なかなか受け入れられない。そのようなときに、一人に一冊配布した「モンスター図鑑」から状況に応じたモンスターを探し、問題を一旦外在化し、自分と切り離して考えさせる。その後、自分の気持ちや状況を「モンスター発見報告書」に記入させる。学級会でグループ毎に報告し合わせると「あっ、それ、私も同じ経験がある」と友達と気持ちを共有したり、有効な解決策を出し合ったりすることができる。また、学級会後に発見マップへモンスターシールを貼っていくと視覚化され、日常的にモンスターを話題にしやすくなる。

　子供たちは、自己肯定感を下げずに振り返ることができ、自身の問題行動でありながらも活発に友達と話し合いができるようになる。

2 「みんなでモンスターを転生させよう！」（通常学級　6年生）

　SSM の中から担任がクラスの課題として考えたものを掲示する。SSM は、決して悪者ではなく一人一人の心の中に存在するものであること、モンスターに愛着をもちつつ、SSP を使い、転生させていくことなどを子供たちに説明する。取り組みの振り返りを1週間単位で行い、モンスター転生に向けて SSP を8割の子供が使えたと回答したときにモンスターを転生させる。実際に転生したモンスターのイラストを作成し、子供たちの前で転生させた姿を提示することで、子供たちが楽しみながらモンスターを転生させることへの意欲を持続させることができる。

ヤリッパが転生した姿

　SSP の活用だけでも効果的だが、「モンスターを転生させるために」という目的意識をもち、ゲーム感覚でソーシャルスキルを身に付けることができる。個別の課題については、個人で転生させたいモンスターを選び、SSP を使っていく方法もある。

アイデア ③ 「モンスター vs アイテム　ソーシャルカードバトル！」（特別支援教室）

　カードサイズに印刷し、自分の中にいるモンスターを子供に選ばせる。「これ私っぽい」「これもいるかも！」と楽しみながら自己理解を深めることができる。モンスターの背景を説明することで共感をもてるようにし、自分の特性を肯定的に受容できるように促す。

　プレイシートの上に選んだモンスターを置いたら、アイテムカード（SSP）の中から、対応するカードを選ぶ。「『おこりんご』には『イラけし』！」などと、自分に必要な SSP でモンスターを抑えることを、楽しみながら視覚的にイメージすることができる。

　また、モンスター役とアイテム役に分かれ、プレイシートに出されたモンスターに対抗するアイテムを選ぶゲームも楽しい。モンスターとアイテムの対応表をつくったり、大人が各モンスターやアイテムの説明をしながら進めたりすることで、ソーシャルスキルへの理解を深められる。日々の生活の中で、「今日、『チクチクスルー』を使ってみたよ」と、子供が自発的に使うことが増えくる。

アイデア ④ 「アイテムポイントシート & 封印モンスター辞典」（特別支援教室）

　特別支援教室での個別学習の中で、自分の中にいるモンスターと、それに対応するアイテム（SSP）を教員とともに選ぶ。専用のポイントシートを作成し、アイテムを使えたらシールを貼るようにする。アイテムカードは在籍学級担任や特別支援教室専門員にも渡し、「『ヤリッパ』が出現したよ、『せいリゴコロ』を使うときだよ」などと、学校生活の中で合言葉的に使えるようにする。教員の名札ホルダーの裏などに入れておくと使用しやすい。

　特別支援教室でアイテムを使えたらシール１枚、在籍学級でアイテムを使えたら２枚といったルールを設けることで、子供が積極的に学校生活の中で使用できるようにする。アイテムをマスターしたら、クリアしたモンスターのカードを、『封印モンスター辞典』（カード用クリアファイルなどで作成）に入れ、視覚的に「できた！」の積み重ねを感じられるようにする。

⑤ 「モンスターと友達大作戦！」（通常学級　1年生）

子供たちが「モンスターを敵だ」と捉えてしまうと攻撃的になってしまうので、「いたずらの理由」を丁寧に伝える。表にイラスト、裏に説明文となるように全モンスターを印刷し、カード（A6サイズ、ラミネート）にして教室に置く。また、個人のタブレット端末にデータを入れ、子供たちがいつでもモンスターを見ることができるようにする。

自分の心理状態をモンスターカードで表現させると、一旦気持ちを落ち着かせ、その後自分の意思を伝えることができるようになる。怒っている友達がいても「おこりんごが出たんだね」と、刺激せずにその子のことを見守ることができるようになる。自分や相手の行動に対して、「やむを得ない理由があるかもしれない」と幅をもたせた解釈ができるようになり、自己理解や他者理解が進む。子供たちの受容の器が広がり、クラス内の関係性も良好になる。

⑥ 「みんなでモンスターの理由を考えよう！」（特別支援学級）

モンスターには、いたずらフォースを使うようになった背景がそれぞれにあることを伝える。問題行動だけに注目させるのではなく、その背景を客観的に捉えることができるようにする。すると、子供たちは「そんな理由があったのか！」「ぼくの理由と似ているな」などと共感するようになる。

慣れてきたら、いたずらフォースを使う理由を自分たちで自由に予想させる。子供たちからは、「おこりんごは、青森県産ばっかりたくさん売れるから怒ってるんじゃない？」「柚子蘭は、子供の頃にやりたい係を譲ってあげたのに、ありがとうを言ってもらえなかったんじゃないかな」などとさまざまな考えが出るようになる。予想後、理由を伝える前に1週間程度の期間を開けると、「やっぱりこうかな？」「はやく聞かせてほしい！」と、モンスターの背景を知るのを心待ちにするようになる。そうして背景を知り、モンスターに愛着をもつことで、アイテムを使いたいという気持ちが増していく。オリジナルファイルをつくってまとめていくと、さらに子供たちは親しみを感じていく。

⑦ 「どんなモンスターが出てくるのかな？」（特別支援学級）

　道徳などの教材の中でモンスターを活用する。教科書の題材で「ゲームに夢中になり夜更かしをしてしまったがために、翌日遅刻をしたり学校で体調を崩したりしてしまう」という場面であれば、「この子は、ワンダーマンが出ちゃって、寝るのが遅くなってるね」などのように、補足的に口頭で提示する。パソコンのプレゼン画面を大型テレビなどに映しながら、教科書の挿絵にアニメーションの設定を加えモンスターを登場させれば、視覚的にさらにイメージしやすくなる。発展版としては、あえてモンスターを示さずに教材文を読み聞かせ、どの場面や状況で、どんなモンスターが出てきているか、どんなアイテムが使えそうかを考えさせることもできる。

　モンスターやアイテムがクラス内で合言葉のようになっていると、言葉や教科書の挿絵だけでは理解の不十分な子供でも、問題の焦点化が促進され、どこに注目すればよいのかが分かりやすくなる。また、教材文のできごとや状況を自分たちにとって身近なモンスターに置き換えることで、道徳的価値に関わることを自分自身の問題として受け止めやすくなる。その結果、自分の意見をもちやすくなり、楽しみながら教材文について考えることができるようになる。

⑧ 「オリジナルモンスター＆アイテムをつくろう！」（特別支援学級）

　子供たちに「自分によく出てくるモンスターは何か？」を考えさせる。「気付くと手遊びしちゃうな」「授業中に練り消し、つくっちゃう」「書くときに目が手元に近くなってしまう」など子供たちから意見が出たら、それぞれモンスターの名前とイラストを考えさせる。「手遊び→てそび」「練り消し→ネリネリ」「目が近すぎる→ちかすぎエンジェル」など、問題行動を連想させるネーミングを意識させる。一人でイラストを描ける子供は楽しみながら活動に取り組む。ネーミングやイラストのイメージが湧かない場合は、子供同士相談させてもよいし教員がヒントを与えてもよい。既製のキャラをアレンジするのでもよい。

　モンスターができたら、その出現を抑えるアイテムも考える。「遊ばない→あそばな（花）」「練り消しをつくらない→ネリネリストップ」「目を離す→めはなし目薬」など、子供たちは趣向を凝らしながらイメージを膨らませて表現していく。

　「モンスターの出現を自覚すること」「モンスターが出たときの対処法を、事前に自分で考える」ことが、日常生活での子供たちの行動変容を促す大切なきっかけとなる。

活用の前に

◆ 「モンスターの仕業」は責任逃れ？

「問題行動をモンスターの仕業にしていたら、子供たちは責任逃れを覚えてしまうのでは？」という心配される方もいるでしょう。

当事者である子供が自らの非を認めた上で問題行動を修正改善していくことができればいいのですが、現実はどうでしょうか。

問題行動を起こしている子供に、その問題点を伝え、改善を促すためのごく普通の言葉をかけたとしましょう。こちらの思惑通りに事態が展開するのであれば苦労はありません。指摘されたことを受け入れられず「そこまで怒るか？」と思うほどの感情をあらわにして教室を飛び出していく子供の姿を見たことがない方は、少数派ではないでしょうか。

そのような現実を前に、恐怖政治的に教室をまとめるか、それともなす術なく子供たちに主導権を奪われてしまうのか。

問題行動を起こす子供たちの実態はさまざまですが、多くの子供たちは、自分が悪いということは分かっています。何とか修正改善したいとも思ってはいても、自分の力だけではどうにもできず、不適応行動という手段をとらざるをえないのが実情なのです（理論編 P36 参照）。

そういった子供たちにはどのようなアプローチが望ましいのか。その答えを理論的に説明できる人はいるかもしれませんが、実践で示せる人はあまりいないのではないでしょうか。

この SSM のアプローチが王道であるとは限りません。将来的に自分の行動の責任は自分でとれる人間になることを目標として、いま逃げ場のない子供たちに、自己肯定感を下げないための緊急避難場所を用意するのが SSM です。問題行動を SSM の仕業にすることで、ちょっとしたユーモアを含めて「一緒に課題を解決していこう！」という姿勢を伝えながら事態の打開を目指します。

「問題行動そのものはよくないことかもしれない。でも、問題行動を起こすあなたが悪いわけではないんだよ」というメッセージを子供に届けるために、現状、モンスターの仕業にしておいてもらうということです。

◆ 「なまはげ」にならないために…

　「泣く子はいねがー！　悪い子はいねがー！」と、鬼の面をかぶり奇声を発しながら練り歩き、怠け者や幼児、初嫁に恐怖を与えて、怠惰や不和などをいさめる「なまはげ」は秋田県の有名な伝統行事です。伝統的民族行事として教育的機能を当地では理解されているようですが、現代における学校教育においては、「恐怖による統治」は避けるべき手法であります。

　「モンスター」という設定にしているのは、子供たちの予想を良い意味で裏切り、興味をもたせて、結果的に支援の効果を大きくするためです。本書の導入部分でも明記しましたが、SSM は「なまはげ」のように、恐怖で子供を脅かして行動の修正を求めるものではありません。その点については十分理解して活用してください。

　「鬼」「妖怪」「モンスター」などを扱うマンガやアニメは、子供たちに広く受け入れられていて、子供たちが抵抗なく SSM の学習に入っていける素地はあるように思います。しかし、大人が思う以上に、「モンスター」という設定を怖がる子供がいるかもしれません。このようなアプローチが苦手な子供も実際にはいます。その辺りへの配慮は十分に行い、細かく実態を把握してから実践に移してください。状況によっては実践を中止するという判断も必要になるかもしれません。実践を始めてから中止せざるを得ない状況にならないように、次のことに注意し、クラスにいる全ての子供が安心して学習に臨める体制を整えてください。

配慮が必要な子供の実態例
・固定観念、脅迫観念が強い
　（"モンスター" という言葉に反応して、本来の支援の意味を拒絶してしまう）
・空想と現実の世界を行き来するのが苦手で、空想を現実にずっと引きずってしまう
・新しいもの、未知のものへの抵抗感が強い

子供の警戒心を緩める導入例
・「モンスター」という設定をやめ、「クラスの裏マスコット」「いたずらゆるキャラ」など、子供が安心して学習できる設定にする。
・比較的、キャラがゆるい「知らんプリン」「ヤリッパ」「はずか C」などから始めて、子供たちの反応を見る。
・「鬼」「妖怪」「モンスター」などを扱う既成のマンガやアニメからのスピンオフ的なキャラクターとして位置づける。
・全てのモンスターを活用せず、節分など季節行事に絡ませて、学期に 1 つくらいのモンスターを登場させる。

オリジナル SSM をつくろう！

　問題行動は、その場面や状況、行動の内容も多岐にわたります。その場合は、オリジナルの SSM づくりが有効です。例として、オリジナル SSM のネーミングを紹介します。ぜひ子供たちと一緒に世界にひとつのオリジナル SSM を生みだしてください。

◆ ドッキングタイプ

　一番とっつきやすいネーミングの仕方です。問題行動を表す言葉に、既存の名詞などを合わせます。ダジャレやおやじギャグが得意な方には、お手のものでしょう。

問題行動＋名詞（問題行動に既存の言葉を合体する）

知らんプリン（知らんぷり＋プリン）

まぁまぁレード（まぁ、いいじゃないか＋マーマレード）

少友（友達は少なくていい＋醤油）

シラクマ（しらける＋白熊）

見ぬふり美人（見て見ぬふりをする＋見返り美人）

茶化スタネット（茶化す＋カスタネット）

騒象（騒々しい＋象）

アンコウントロール（アンコントロール＋あんこう）

ヤリッパ（やりっぱなし＋槍＋スリッパ）

よまず（読まない＋なまず）

ナイナイ（良い所なんかない＋アイアイ）

ミゾーン（友達と距離をとる＋溝＋ゾーン）

ブレイメンズ（無礼な人＋ブレーメンの音楽隊）

ジャマンバ（邪魔する＋山姥）

おこりんご（おこりんぼ＋りんご）

品詞＋アルファベット（形容詞＋ C や E など）

恥ずかしい→はずか C　　　悔しい→くや C　　　悲しい→かな C

※「うらやましい→うらやま C」など C 以外にも、「ずるい→ずる E」「思い通りにならない→おもいどおりにならな E」など、E でも創作可能です。

うらやま C　　　　　ずる E　　　　おもいどおりにならな E

◆ 言い換えタイプ（問題行動の文言を変えずに、既存の言葉に言い換える）

簡単そうでかなリセンスが問われるネーミングの仕方です。SSM の背景ストーリーの内容に、言い換え前後の言葉の意味を含めることができれば、すでにあなたは SSM クリエイターです。

ゆっくり→湯っ栗	ありのまま→蟻のママ
譲らん→柚子＋鈴蘭	緊張→金鳥（ゴールデンバード）
許さじ→許匙	だるっ→樽"ッ
人の所為→ヒトの精	

◆ そのままタイプ（既存の言葉で、意味もそのまま活用する）

ドッキングや言い換えでしっくりこない場合は、言葉と意味をそのままにモンスター化します。ネーミングにひねりがない分、イラストや背景ストーリーで子供を引きつけます。

広がりを防ぐ→ドミノストッパー	人を煽る→煽り屋
バックアップする→バックアッパーズ	灯台下暗し→下暗し
負んぶに抱っこ→おんぶだっこ	

◆ 造語タイプ（新しい言葉をつくって当てはめる）

どのネーミング法でもアイデアが出てこないときは、思いきって新しいキャラをつくりましょう。バラエティーに富んだ脇役がいた方が、主役キャラも引き立ちステージも楽しくなります。

聞いたら即、言ってしまう→即伝	楽しいもの重視→ワンダーマン
もやもやする気持ち→モヤモヤン	滑らせる→ミスターオイリー
墨を吐いて見通しを悪くして謎をつくる→謎蛸	

一瞬で作成したモヤモヤン

もっとも時間を費やしたワンダーマン

モンスター一覧（アイテム対応表）

No	分類	項目	ねらい	モンスター
1	生活習慣	あいさつ	気持ちの良いあいさつができる	知らんプリン
2		整理整頓	身の回りの整理整頓をする	ヤリッパ
3		食事	マナーよく給食を食べる	まぁまぁレード
4	集団行動	切り替え	行動を切り替え、次の行動に備える	湯っ栗
5		自制心	私語を慎み、その場に応じて適切に発言する	即伝
6		状況把握	場の空気を読む	よまず
7		自制心	ふざけている友達につられない	ワンダーマン
8	友達関係	友達作り	友達を増やす	少友
9		他者理解	友達の良いところを探す	ナイナイ
10		思いやり	元気のない友達を励ます	シラクマ
11		仲裁	けんかした友達の仲をとりもつ	ミゾーン
12		思いやり	励ます対象を広げる	ドミノストッパー
13		緊急対応	いじめを見た時、適切に対処する	見ぬふり美人
14		緊急対応	いじめられていると感じた時に対処する	モヤモヤン
15	相手との かかわり	思いやり	相手のことを考え行動する	柚子蘭
16		感謝	相手に感謝の気持ちを伝える	ブレイメンズ
17		素直	好きな相手に対し適切に行動する	はずか C
18		問題解決	トラブルを話し合いで解決する	茶化スタネット
19		他者理解	相手の心情を察する	邪魔姥
20		自制心	不快な気持ちを抑えて相手に伝える	蟻のママ
21		寛容	相手を許す	許匙
22		自制心	相手を攻撃したくなった時に自分を抑える	ミスターオイリー
23	自分の心	集中	周りのことを気にせず、やるべきことに集中する	騒象
24		発揮	緊張する場面で力を発揮する	ゴールデンバード
25		やる気	学習や活動に取り組む際に、心の準備をする	樽ッ
26		自制心	勝ち負けにこだわらない	くや C
27		自制心	自分の非を認める	ヒトの精
28		やる気	気が進まない課題に対し、前向きに取り組む	謎蛸
29		自制心	怒りの感情を制御する	煽り屋
30		自制心	イライラした気持ちを対処する	おこりんご
31		耐性	自分の悲しい気持ちに向き合う	かな C
32		気持ちの整理	嫌なことを処理する	バックアッパーズ
33		防御	嫌なことを言われた時に気持ちの処理をする	アンコウントロール
34		自己肯定感	自分の良さに気付く	下暗し
35	新しい対処法	対処法の創造	自分用の SS を考える	おんぶだっこ

低学年（ホップ）	中学年（ステップ）	高学年（ジャンプ）	参考使用月
だれでもあいさつ	はやおしあいさつ	セレクトあいさつ	4
つくえクリーナー	せいリゴコロ	美化ピカファインダー	5
いろたべ	おとタデズ	三つ星マナー	4
きりかえスイッチ	きりかえフラッシュ	さきよみチェンジ	4
くちブタ	こころトーク	TPOトーク	6
ワイワイクラッカー	おとなシーン	空気リーダー	12
ふざツラレ	つられちゃったハンド	けじマジ	10
あそんだかぞえ	なまえメモリー	ともだちフォルダ	4
いいとこかくれんぼ	いいとこ神経衰弱	いいとこダーツ	11
だいじょうぶジョーロ	はげましタッチ	こころチア	7
ドッチモともだち	ともだちボンド	ともだちセーバー	12
はげましがえし	はげましバトン	はげま震源地	11
いじめジャッジ	いじめサイレン	レスキューボタン	5
ピンチS.O.S	あちこちヘルプサイン	ヘルプウェブ	5
あいこゆずり	ゆずりゴコロ	ともだちファースト	9
「た」までズワリ	めづたえ	ココロモおじぎ	5
すきだけどリバース	すなおアクション	さりげなシンセツ	2
せんせいジョイント	ともだちジョイント	だちだけカイケツ	7
えがおカウンター	マグマレーダー	こころセンサー	12
かもトーク	とげぬきリハーサル	たんたんトーク	11
ごめんねイイヨ	ゆるさないチョコ	ゆるしの残高	6
いいすぎブレーキ	ぼうげんブレーキ	グサグサことばブレーキ	7
みみたブロック	きにしないシャッター	集中シェルター	10
ドキドキチャレンジ	ドキドキアクセル	ダシキレヤリキレ	11
やるきのネジマキ	やらねばエンジン	アイドリングモチベーション	9
オコラズナカズ	かちまけファンファン	しょうブンセキ	9
はんせいヤジルシ	いいわけブレーキ	正直ザムライ	6
とりあえずガンバ	たのしミッケ	なんのためさがし	1
いかりのフタ	いかりメーター	怒うかせんのばし	1
イライラエスケープ	イラけし	イライラエコロジー	10
クヨクヨドライヤー	かなしみタンク	ものごとリフレーム	2
やなことリセット	やなことシュレッダー	うちあけトライ	2
はねかえしミラー	チクチクスルー	グサグサエアバッグ	2
じぶんメダル	長短サーチ	メデメ変換	3
がったいアイテム	アイテムアレンジャー	アイテムメーカー	3

●付録「カードプレイシート」

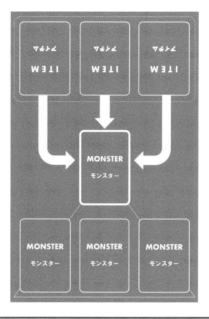

ねらい

・SSM を通し、子供の自己理解を促す

・SSM に対処する SSP を考えることで、ソーシャルスキルの必要性について気付かせる

活用例

①自分の中にいそうな SSM を 3 つ選び、モンスターエリアに置く。

②モンスターに対処できそうな SSP を 3 つ選び、アイテムエリアに置く。

③3 つの SSM の中から 1 つ選び、中央のバトルフィールドに置く。

④バトルフィールドに置かれた SSM に対処する SSP を 1 つ選び、SSM の上に置く。

⑤自分なりに SSM に対処する SSP の効果、理由を説明できたらクリアで SSP ポイント。うまく説明できなかったらノットクリアで SSM ポイント。

⑥以下、繰り返す。

※大人と 2 人で行う場合は、大人が子供の代わりに SSM や SSP を 3 つ選んでもよい。

理論編

「モンスター」で子供たちに
どんな変化があるか？

◆ 子供の変化① 「自分自身に気付く」

「ヤリッパ」「おこりんご」「くやC」など、いろいろなモンスターがいることを知ると、子供たちは自分たちが起こす現象とモンスターを結びつけて思考するようになります。

離席をするときに、椅子を机の下にしまわなかったり机の上にものを出しっ放しにしたりしていると、「あっ、『ヤリッパ』がでちゃった…」と照れくさそうに後始末をしに戻ってくるようになります。

勝ち負けにこだわりのある子供は、ゲームや試合が始まる前に「俺、『おこりんご』や『くやC』が出やすいから、『かちまけファンファン』を使わないと…」と前もって自分の気持ちを予測し、それに対して対策を取るようになります。

勘のいい子供は、「先生、人によって出やすいモンスターと出にくいモンスターがあるんだね…。僕は『はずかC』が出やすいけど、△△さんは『まぁまぁレード』が出やすいね」と自分だけでなく友達やクラス全体に目を向けて捉え、出現の傾向も見取れるようになります。

自分自身を客観視（メタ認知）することが、SSM のひとつの大きなねらいです。自分の行動や感情の状態を俯瞰して捉えることができるようになれば、それは子供たちの成長において大きな一歩となります。

◆ 子供の変化② 「子供同士の声かけが変わる」

「知らんプリン」を導入すると、子供たちはひとつひとつの行為や自分たちのやりとりの終末に意識を向けるようになります。

給食前に机拭き係が友達の机を拭いていても、お礼を言う子供がほとんどいないというクラスであっても、「知らんプリン」を紹介してからは、机を拭いてもらっても何も言わない友達に「○○さん、『知らんプリン』出てるよ」と優しく声をかけるようになります。その声かけに、拭いてもらった友達はお礼を言っていないことに気付くと「あ、ごめん。ありがとうね」と素直に反応できています。

また、友達に親切にしてもらったときに「ありがとう」は言えても、そのお礼に「どういたしまして」が言える子供はほとんどいないという状況でも、「知らんプリン」が登場してからは、「どういたしまして」と丁寧にやりとりを終えるようになります。

モンスターで見える化した行動や現象に気付くと、子供たちは自分たちの力で、その場面に対処したり解決したりするようになります。

◆ 子供の変化③ 「解釈に奥行きができる」

　モンスターがいたずらフォースを出してくるのには、それぞれ個別に理由や背景を設定してあります。

　「知らんプリン」の理由は、「本当はあいさつしたかったけど誰も応えてくれず、嫌な気持ちになりたくないから知らんぷりをするようになった」というもの。「ヤリッパ」は、「かくれんぼがしたくて、隠れる場所をつくるためにやりっ放しにしてものを散らかしている」という理由です。「まぁまぁレード」は、「マナーに厳しくなり過ぎず、食事の美味しさや楽しさを味わってほしい」という理由があります。

　このように、現時点では一見良くないことを仕掛けてくるように見えても、実はそれなりの事情やいきさつがあるということを、子供たちが捉えていけるように説明します。目の前の良くない現象を減らすことに重きを置き過ぎず、モンスターが出現する理由や背景を丁寧に伝えていくと、子供たちは、自分たちの実生活に起こる事象についても幅をもたせた解釈をするようになります。

　隣のクラスでパニックになり泣き叫ぶ友達の声が聞こえてくると、「○○くん、どうしたのかな？　でも、○○くんにはきっと何か理由があるから泣いているんだよね」という具合に、含みをもたせた捉え方をするようになります。

　クラスに起こる不適切な行動や言動に、大人も子供も断片的な評価をしてしまいがちですが、もしかしたら、そこには同情に値する事情やいきさつがあるかもしれません。問題行動の減少への第一歩は、そこへの周囲の共感から始まると考えています。

SSM の心理学的背景理論

◆ 理論①　問題の外在化

　日本の伝統文化で、問題の外在化を分かりやすく取り入れているのは「節分」でしょう。節分で豆まきをするとき、自分の中から追い出したい鬼を考えて紙に書き、それに向かって「鬼は外！　福は内！」と言いながら豆をまいた経験は誰にでもあると思います。怒りやすい人が自分の中にいる「いらいら鬼」を追い出すという発想は、まさに問題の外在化です。

　「問題の外在化」とは、「もともとはクライエント個人や家族といった周囲の人々の内側に存在していた『問題』を、その外側へと取り出し、取り出された（外在化された）『問題』に対してどう対処するかを、皆で一緒に考え、実行していくという方法」であると「ブリーフセラピーの極意」（森俊夫 著）では解説されています。

　他にも「スニーキー・プー」の事例を紹介します。

　遺糞症と診断された男の子がいました。遺糞症とは、適切でない場所や状況で排便をしてしまう子供の心の障害のことです。その男の子の治療のために様々なセラピストが治療にあたりましたが、症状は改善しませんでした。そこにあるセラピストが介入し、「男の子がトイレ以外のいたるところで排便してしまうという問題」を「スニーキー・プー」と名付けました。そうすることで、男の子の中にあった問題を一度外に出して外在化したのです。今までは両親やセラピストからの支援対象であったのは男の子でしたが、問題が外在化され「スニーキー・プー」が支援対象となったのです。両親とセラピストと男の子が協力しながら「スニーキー・プー」と対峙したことにより、事態は改善しました。

　怒りやすいあるいは遺糞症という問題行動を、当事者から一旦切り離して考えます。そして、怒りやすいに「いらいら鬼」、遺糞症に「スニーキー・プー」と名前を付けて外在化すると自己制御がしやすくなるのです。

　このように、当事者本人の心理的負荷を軽減し、課題把握をしやすくしてから、当事者と支援者が協力して解決の糸口を見いだしていくという基本的な理論が、SSM の骨格として存在しています。

◆ 理論②　情動のハイジャック

「情動のハイジャック」という言葉があります。あまり耳慣れない言葉ではありますが、「EQ こころの知能指数」（ダニエル・ゴールマン 著 土屋京子 訳）の中で示されている言葉です。「情動のハイジャック」について、同書では次の例で説明しています。

　アメリカのある家庭での話です。友人宅に泊まりに行く予定だった 14 才の娘が、両親を驚かせようと自分の部屋のクローゼットに隠れていました。両親は夜中誰もいるはずのない娘の部屋から物音がしたことに異変を感じ、父親は銃を構えて娘の部屋を見に行きました。ほんの悪ふざけのつもりでクローゼットから飛び出した娘に向け、父親は発砲し、娘はその後息を引き取りました。

　冷静であれば自分の娘を銃で撃つなんてありえない話ですが、情動がハイジャックされてしまうと、人はときに理性を失い、思慮分別に欠ける行動をしてしまうのです。同書では、そのときの脳の状態について次のように解説しています。

　このような感情の爆発は、神経がハイジャックされたために起こる。大脳辺縁系の一部が緊急事態を宣言し、脳全体を制圧してしまうのだ。辺縁系によるハイジャックは瞬間的に、思考をつかさどる大脳新皮質が働きはじめるよりも一瞬早く発生する。こうしたハイジャックは、終わったあと本人にも何が起こったのかよくわからないという点が特徴だ。

　平常時では考えられない言動をなぜ衝動的にとってしまうのか。それは、緊急事態において「逃げるか」「闘うか」を瞬時に判断し行動に移すためのサバイバル機能が発動したためだと説明しています。これは極端な例ですが、日常生活においても「何であんなことを言ってしまったんだろう…」と一時的な感情に支配された言動をした経験はあるでしょう。程度の差はあれ、情動のハイジャック状態には、障害の有無にかかわらず誰しもなりうるのです。

　ここで、教室でキレる子供たちのことを思い出してみましょう。もしかしたら、「情動のハイジャック」に近い状態になっているかもしれません。ただし、ここで確認しておきたいことは「子供の発達や状態を適切に見取ること」の大切さです。キレるにはキレるなりのシステムや経緯、背景や道筋があるということを押さえておかないと、安易に「キレない」＝「おこりんごを出さない」と目標設定をしたとしても、それは子供にとって無理難題なものにしかなりません。「発達に即した適正な目標設定ができるか」が鍵となります。

　子供の現状を適正に評価し、子供にとって無理のない改善へのステップを組み立て、そこに SSP や SSM を用いていければ、その効果は最大限に引き出されていきます。

◆ 理論③　問題行動は、誰にとっての「問題」？

　問題行動というと「立ち歩く」「ものを壊す」「大声を出す」など様々な場面が頭の中をよぎ
ります。その行動は誰にとっても歓迎すべきことではないのは明らかです。では、なぜ当事者
である子供は、誰の利益にもならないこのような行動を起こすのでしょうか。彼らの目的は何
か。この解につながる重要な捉え方が「特別支援教育に力を発揮する神経心理学入門」（坂爪
一幸 著）に示されています。

　「心」に生じた負の感情や過緊張は、子供にとって脅威となり、それらを解消する行動が最
も優先される。「心」がそのような状態にあるとき、他の目的性の高い行動をとることはでき
ない。

　問題行動を起こす子供の心には、おそらく「分からない」「できない」「居場所がない」など
の理由で負の感情や過緊張が生じています。言葉では表現し難い不快感を抱いた子供たちは、
それらを払拭することが最優先事項となり、彼らなりのやり方で緊急避難のサインを出しま
す。そのサインの出し方が適切でないため、周囲には問題行動として処埋されてしようので
す。

　「心」にある負の感情や過緊張からの逃避や回避は、ヒトや動物が環境に適応するために進
化させてきた学習の機序（しくみ）によっている。

　しかも、周囲にとっては迷惑なこの未分化な緊急避難のスキルは、「ヒトや動物が身を守る
ために進化の過程で身に付けてきた学習機能」だと同書では示されています。
　たとえば、あるバス停で異国の地からきた人に尋ねごとをされたとしましょう。言葉が通じ
ないので、最初は身振り手振りで何とか意思疎通を図ろうとします。でも、話が進展していか
ないことに相手が苛立ち始めたとしたら、あなたはどうしますか。こちらは善意で対応してい
るのに相手にそんな態度をされたら、焦りの気持ちが不快感に変わり、憤慨や落胆の末、相手
をにらみつけ、最後は大声を出してその場から離れるかもしれません。「にらむ」「大声を出
す」「その場を離れる」などの行動は、私たちの防衛反応であり、負の感情や過緊張からの逃
避行動です。同じ目に遭わないようにそのバス停を避けるようになったとしたら、それは回避
行動なのです。進化の過程で身に付けた学習システムを私たちも使っているのです。
　ここから、私たち支援者は問題行動そのものにとらわれず、その目的に焦点を当てなければ
ならないことが分かります。そして、その問題行動を生じさせている要因を一刻も早く究明
し、それらを取り除くために何らかの手段を講じなければならないのです。
　問題行動は、周囲にとって「問題」ではありますが、その当事者が「問題を抱えている」と
いうことに適切に対処していないことの方が「問題」なのです。

モンスターの原点「インキャラ」

　「ソーシャルスキルモンスター」は、もともと年間を通じたソーシャルスキルトレーニングである「目指せ！　自分の進化形〜インナーワールド編〜」の中の「インナーサイドキャラクターの設定」という発想から生まれました。「SSM」は、子供あるいはその集団の問題行動を外在化したものですが、「インナーサイドキャラクター」は、それぞれの子供が自身の好きになれない心の一部を外在化しキャラクター化したものです。それぞれ外在化の対象は違いますが、「子供たちの自己肯定感を下げない」というねらいは共通です。

インナーサイドキャラクターの設定

　自分が憧れる姿をキャラクター化したものが「進化形」です。その対立軸として、自分の好きになれない部分をキャラクター化したものが「インキャラ」です。自分の負の部分の象徴が「インキャラ」であり、そこから「進化形」に近づいていくことが、子供たちの目標となります。子供たちは「進化形」に近づくために、また「インキャラ」に主導権を握られないようにするために SSP のアイテムを使い、その両者のパワーバランスを保とうとしていきます。その過程の中で成功体験を積んでいくことで、子供たちはセルフコントロール力を高め、さらには自己受容をしていけるようになっていきます。

インナーサイドキャラクターの設定の手順

①自分の進化形の絵を描き、名前を付ける

②クラスで意見を出し、パワーアップアイテムをつくる（ソーシャルスキルポスター P29 参照）

③自分の良いところ、良くないところを振り返る

④進化形（良いところ、良くないところを含め）クラスで紹介し合う

⑤インキャラの絵を描き、名前を付ける。

⑥日々の生活の中で、お互いの良いところを相互評価する（生活の中で、パワーアップアイテムを運用していたら褒め合う）

⑦インキャラと進化形と対峙させながら、アイテムを使って自分をコントロールする（コントロールシートを用いて、メンタルコンディションを見える化してもよい）

⑧学期末に振り返りをする

手順①のワークシート例

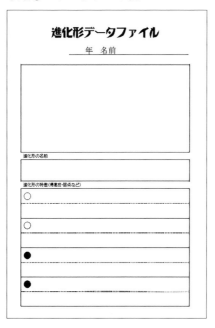

（1）進化形の絵

（2）進化形の名前

（3）自分の良いところ

（4）うまく使えるパワーアップアイテム

（5）自分の良くないところ

（6）うまく使えないパワーアップアイテム

手順⑤のワークシート例

（1）インキャラの絵

（2）インキャラの名前

（3）インキャラのライフレベル

　（スタートが 100 ％で、どのくらい減少させられるか）

（4）インキャラをパワーダウンさせるための作戦

※（3）のライフレベルは、手順⑧で、1 学期、2 学期など、ある一定期間、進化形とインキャラを対峙させた結果、どのくらいインキャラを制御できるようになったかを、直観的に子供たちに捉えさせるもの。

※（4）作戦は、自分なりにインキャラと向き合うための戦略を、対峙する前に考えて記入する。

手順⑦のワークシート例

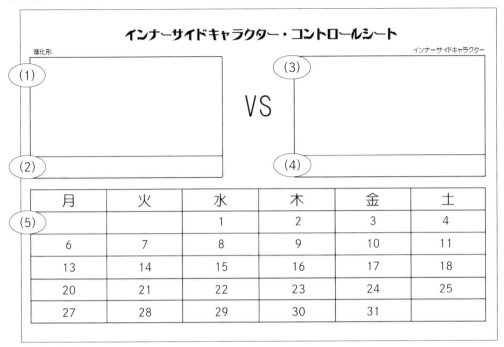

（1）進化形の絵　（2）進化形の名前　（3）インキャラの絵　（4）インキャラの名前
（5）子供の自己評価シールを貼る欄

手順⑦の自己評価の基準例

　子供は下校前に、その日一日を振り返り、インキャラのコントロールの具合を自己評価してシールを貼る。

緑…一日、インキャラが出てこなく、穏やかに過ごせた

青…インキャラが出てきたが、SSPなどを使い、上手にコントロールできた

黄…インキャラが出てきたが、コントロールできるときとできないときがあった

赤…インキャラが出てきたが、コントロールできず、支配されることが多かった

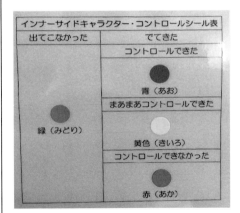

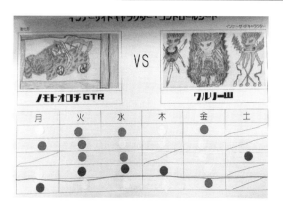

インキャラコントロールシートを活用し、進化形とインキャラのパワーバランス、つまり子供たちの心理的葛藤の様子を自己評価させていきます。

下校時にその日一日を振り返り、毎日シールを1枚貼ってから帰ります。カレンダーのように1ヶ月を色別に俯瞰して見ると、子供たちは自らいろいろなことに気付いていきます。

休み時間、D児はコントロールシートを見ながら「俺、火曜日に赤や黄色が多いな…。あっ、音楽があるからか…」とつぶやいていました。クラスの友達が騒々しく無秩序になりがちな音楽の時間を苦手に思っていたことがインキャラの出現要因のひとつであったことにD児が気付いた瞬間でした。F児は、「私、何で木曜日にインキャラが多く出てくるんだろう…。あっ、そうか、学童があるからか…。学童だとインキャラ、コントロールできんだよな…」とその不安な気持ちを吐露していました。「自分の精神状態を保つには、同じ価値を共有している友達や大人がいることは大きなサポートになる」ということがF児の言葉ににじみ出ていました。

◆ ケース 1

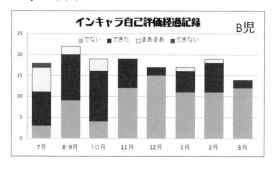

実践の結果、B児のように、月を追って緑が増えていく、つまりインキャラが出現しなくなっていくという傾向の子供が多く見られます。自分のメンタルコンディションが見える化されていくと、基本的に子供たちはインキャラを出現させないように意識して行動し始めます。

そのために、自分なりに傾向と対策を考え、SSPにあるいくつものアイテムをその状況に合わせて運用するようになります。徐々に子供たちは、トラブルが起きそうなことを察知するようになり、たとえトラブルが起きてしまっても泥沼にはまっていかないように、当事者同士、互いに気を遣うようになっていきます。ここで大切なのは、「アイテムを使ってインキャラを出さないようにしたい」ということがクラス全体の共通理解となっていることです。

◆ **ケース2**

　生育歴が複雑で児童養護施設から通っていたA児は、緑の日、つまりインキャラが出現しない日がほとんどありません。「俺、緑の日、全然ないや…。」と友達のシートと見比べ、残念そうに言っていました。そんなA児に私は「いいんだよ。インキャラを出さないようにするのが目的ではないから。イ

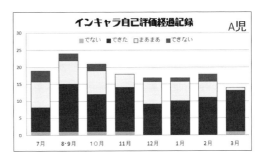

ンキャラは出てきていいから、どれだけインキャラと仲良くできるかだよ。Aくんは、たくさんアイテムを使えるようになったら、赤と黄色の日がこんなに減ったよね！それはすごい進化なんだよ！自信、もって！」と言葉をかけました。その言葉を聞いて、少し安心したAくんは、友達と遊びに校庭へ出かけていきました。

◆ **ケース3**

　知的に高く自閉傾向のあるF児は、A児同様、緑や青が少ないことを気にしていました。思春期になれば、気持ちが揺らぐのは当たり前のことなので、そのことも踏まえ私は率直な思いを伝えました。「Fさんは、先生から見たらものすごく成長しているよ。赤の日は減っているし。学童の日は調子が悪い

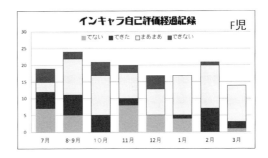

と、Fさんは自分で気付けたのも進化の証拠だよ。先生が見ていて青を付けてもいいんじゃないかと思う日も、Fさんは黄色を付けていたね。それは自分に厳しいとも言えることで、進化していないと自分に厳しくなれないから、『黄色を自分に付けられる私ってすごい！』って思っていいんだよ。インキャラは出てきていいし、赤でも黄色でも青でもいいから、最後はFさんがインキャラと仲良くして自分自身のことを好きになって、認めてあげられるようになればいいんだよ。」Fさんが自己を受け入れながら成長してくれることを願ってやみません。

　見える化して出た結果の意味付けは一人一人違います。その子供の力と成長の道筋を鑑みて、勇気をもって一歩踏み出していける言葉やサポートを、子供たちは切望しているのです。

ポスター、そしてモンスターへ
実践者の声

事例 ① **特別支援コーディネーター実践**
「葛飾区立新宿小学校〜生活指導の週目標を SSP 化〜」

SSP は特別支援学級だけでなく通常学級の子供たちにも効果的であると考え、3 年間をかけて SSP に取り組みました。1 年目は中学年 1 学級と特別支援教室で実践し、2 年目では先に活用した先生から子供の反応や効果についてフィードバックをもらい、他学年・他学級の教員と実践方法を共有しました。3 年目は学校保健委員会で講演を行い、SSP の効果について教員だけでなく保護者にも聞いてもらいました。

保護者に学級や特別支援教室での取り組みを伝えたことで、家庭でも SSP を活用してくださる方が出てきました。SSP に対する保護者の理解も広まり、教員間で子供たちの良い反応や効果が実感できたところで、全校で実施するべく生活指導部で準備を始めました。

そのとき、生活指導部では毎週の生活目標が子供たちに浸透していないことが課題として挙がっていましたが、目標を達成させる手立てとして生活目標を SSP に置き換えることを提案しました。そうすることで、「目標達成＝アイテム獲得」のように子供がゲーム感覚で取り組めると考えられるからです。

生活指導部として SSP を提案するにあたり、以下の 3 点を行いました。
①前年度の生活目標をまとめる（生活指導月目標との関連も確認）
②前年度掲げた生活目標がどれだけ SSP に置き換えられるか確認する
　⇒既存のポスターで置き換えられるものが 8 つあった
③新たに掲げる目標や既存のポスターでは補えないものについてどう対応するか検討する
　⇒生活指導部で案を出し合い、新たな SSP を生み出す

アイディアを出し合い、新しい SSP を生み出せるようになってからは、既存のポスターから選ぶだけでなく、目標を先に立て、それに合った SSP を作り出すこともでき、より本校の子供たちの実態に即した目標を設定することができるようになりました。

子供たちが親しみをもって SSP の生活目標に取り組んでいて、これまでのように「生活目標が浸透していない」と感じることが減りました。教員側も「○○しなさい」でなく、「今週のアイテム使えたかな？」「○○のアイテムを使ってみよう」と言葉かけすることができ、肯定的に目標に取り組ませることができました。また、今年度は学校での生活の仕方も例年とは大きく異なりましたが、必要な対策・過ごし方について SSP を通して子供たちに伝えられました。その際も「近づきすぎ」や「離れましょう」でなく「TT（独自考案したアイテム）を使おうね」と言葉かけすることができ、「注意」ではなく、「知らせる」「気付かせる」ことができました。

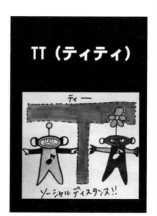

お友達との間にきちんとソーシャルディスタンス（TT）を保つことができる。

担任から専科での実践
「オリジナルSSPで、モンスターを転生させよう！」

　2年間にわたりSSPとSSMの実践を行いました。1年目は学級担任、2年目は算数専科と立ち位置を変えながら、それぞれの立場での実践の工夫をしました。

　1年目は、4年生の担任として、「パワーアップアイテムをつくろう！」というステージ設定にしてクラスで話し合い、オリジナルのSSP（オリジナルアイテム）を15個作成しました。子供たちは、身近にあるゲームの世界とシンクロしたアイテムをつくる活動に楽しみながら取り組んでいました。その後、活用方法も子供たちと話し合い、以下の取り組みを行いました。

①クラスで「今日意識して使うSSP」を朝の会で決め、帰りの会で振り返りを行う

②個人で「SSP日記」を毎日書き、自分の振り返りを行う

　子供たちの成長は、様々な形で表れます。SSPがクラスのアイコン的な存在になり、自然に子供同士がSSPを使うようになりました。また、日記を書くことに消極的だった子供が、SSPを表現に用いることで書く内容がより明確になりました。SSP日記は連絡帳を兼ねているので、保護者の目に触れることになり、家庭でも話題になりました。

　続く2年目は算数専科として担任と以下のような連携をしました。

①帰りの会で、個人とクラス全体について、その日SSMからどんな攻撃を受けたか、そのときどんな対応をしたかアイテムを使ったか、振り返りをする

②前日の振り返りを受け、朝の会でその日クラスでどのSSMに気を付けていくか確認する

③振り返りの結果と当日の目標を、担任と専科教員で共有する

　SSMには悲しい過去があるという世界観が子供の心を捉え、それぞれのSSMに興味をもちながら取り組んでいました。自作したSSPでSSMを良い方向にもっていけるというRPGのような展開で、しかも自分事であるので、「あれ使おう！」と子供同士で話し合い、アイテム名が会話の中に頻出するようになりました。

　継続することで、SSPやSSMが子供たちの生活の中に自然と溶け込んでいきます。朝の会での声かけも注意や指導ではなく、SSPやSSMを通してできるようになり、前向きな声かけが増えます。さらに、学級単独での取り組みから専科教員との連携をすることで、学校全体でクラスの課題や雰囲気の把握ができるようになりました。SSPやSSMの振り返り結果を共有できると、授業や子供たちと関わるときの参考にもできます。

　なお、1人1台のタブレット端末で、SSP日記や帰りの会での振り返りをGoogleフォームで入力すると、子供の書く負担が減り、時間の節約になります。振り返りの結果も自動で集計（グラフ化など）でき、子供やクラスの状態の「見える化」が可能になります。ICTを効果的に活用することで、子供と担任、担任と専科教員との情報共有が促進され、SSPやSSMの効果を引き出すことができます。

今日、クラスでフォースを感じたモンスターはいましたか？

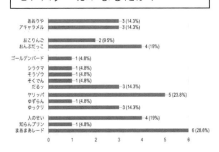

共有に役立つ「見える化」した
アンケート結果

スクールカウンセラー実践 「SSM を使った相談室での関わり」

　スクールカウンセラーが SSM を相談室で実践した事例です。相談室によくクールダウンにくる 3 年生の A くんと、不登校傾向で相談室登校をしている 4 年生の B くんがいました。

　A くんは思い通りにいかないことがあると、ものを投げたり友達に乱暴をしたりすることに苦しんでいました。B くんは、「自分には良いところがない」と、自分を肯定的に見ることができず、友達をつくることに不安を感じていました。

　2 人が相談室で一緒に過ごすことが多くなったため、小さくカード化した SSM を見せ、いたずらフォースの説明をし、A くんは「おこりんご」と「煽り屋」、B くんは「下暗し」の SSM がそれぞれ出てくることを確認しました。

　A くんはもともと自分の気持ちを言葉にすることが苦手でしたが、SSM を使うと「今日はおこりんごが 100 個出た」など、自分の怒りの感情を言語化できるようになりました。そこで、SSP の「いかりメーター」を使って怒りの感情をモニタリングし、「あちこちヘルプサイン」を使ってヘルプサインを出せるようになることを目標にしました。

　一方、B くんは「下暗し」の背景に興味をもったため、「自分では見えないことに気づく」というテーマで、SSP の「長短サーチ」を使い、カウンセラーとともに B くんの良いところ探しを行いました。また、B くんの保護者にも協力してもらい、「下暗し」が出てこないように、B くんと一緒に良いところ探しをしてもらうことを宿題としました。

　それぞれの課題は対照的な 2 人ではありましたが、次第に相談室ではお互いの課題を認め合い、励ますような関係になっていき、少しずつ自信を付け始めています。最近では、相談室のぬいぐるみを SSM に見立て、戦ったり仲良くなったりして遊ぶ姿も見られ、自分たちで SSM を楽しむようになっています。SSM には、子供たちの課題に寄り添うようなストーリー設定があるため、子供自身が自らの気持ちや行動を大切にできるようになります。また、SSP と組み合わせることで、自分で課題をコントロールする感覚を得られ、自信につながります。

相談室で活用した SSP と SSM のカード

モンスター編

モンスターの使い方

モンスターの構成

　左ページにモンスター、右ページにポスターの読み聞かせのことばを記載しています。本書を逆開きにして子供たちにポスターを見せながら説明をすることができます。

ねらい　名前の由縁　出現場面

　モンスターを出現させるタイミングやそのねらい、名前の由縁を示しています。子どもたちに馴染みやすい名前を付け、効果的なタイミングで提示することがポイントです。

攻略アイテム

　モンスターに対応する「ソーシャルスキルポスター」のアイテムです。

いたずらフォースによる効力　いたずらの理由　転生した後…

　子どもたちへモンスターを提示する際の読みきかせ例を示しています。子どもたちの状況に応じて、臨機応変に変更してください。モンスターが出現する理由や背景を子どもたちが理解できるようにすることが大切です。

どちらの未来を選ぶ？

　どんな未来がいいか、子どもたちに問いかけたり、考えさせたりしましょう。

CD-ROM を使用するに当たって

収録データの解説

　CD-ROM に収録されているデータは PDF 形式です。「モンスター」と「説明文」の2ページで1ファイルとして作成しています。

使い方

　付属 CD 版のモンスターには、モンスター名が記載されていません。クラス全体でつけた名前を自由に書き込んで使用してください。モンスターイラストは、さまざまなソーシャルスキルに対応できるように作成しています。

使用上の注意点

【必要動作環境】

　CD-ROM を読み込むことができるコンピューターでお使いいただけます。OS のバージョンは問いませんが、処理速度の遅いコンピューターでは動作に時間がかかることがありますので注意してください。

【取扱上の注意】

・ディスクをもつ時は、再生盤面に触れないようにし、傷や汚れなどをつけないようにしてください。
・直射日光が当たる場所など、高温多湿になる場所を避けて保管してください。
・付属の CD-ROM を紛失・破損した際のサポートは行っておりません。
・付属の CD-ROM に収録した画像等を使用することで起きたいかなる損害および被害につきましても著者および（株）東洋館出版社は一切の責任を負いません。

知らんプリン

たべるのか…

知らんプリン（しらんぷりん）

ねらい　　気持ちの良いあいさつができる

名前の由縁　　知らない振りをする（知らんぷり　＋　プリン）

出現場面　　気持ちの良いあいさつをされても、返事をしないで知らないふりをしてしまう時

攻略アイテム　　だれでもあいさつ・はやおしあいさつ・セレクトあいさつ

いたずらフォースによる効力

みなさんは朝、友達や先生からあいさつをされた時、どうしていますか？あいさつされても返事を返さず、知らない振りをしてしまうことはありませんか？

あいさつされていることは分かるのだけど、気付いたら無視して知らんぷりをしてしまうのは、もしかしたら「知らんプリン」の仕業かもしれません。

知らんプリンはフォースを使って、あいさつをされても返事をしないようにしているんだって。

いたずらの理由

実はね、知らんプリンは、昔は自分から友達にあいさつしていたんだって。でも、友達のプリンやゼリーはみんな知らんぷり。誰もうんともすんとも言いません。一生懸命あいさつしても誰も返事を返してくれないのでとても嫌な気持になりました。だから、自分も知らんぷりをすることで、コンビニの冷蔵庫の中のように誰もあいさつをしない世界を作ろうとしているんだ。そうすれば、あいさつが返ってこなくても、嫌な思いをする人がいなくなるからさ。でも、本当は誰よりもあいさつの温かさを知らんプリンは知っているんだけどね。

転生した後…

みんなが自然にあいさつするようになったら、知らんプリンは転生して、近所のコンビニのプリン売り場に戻ります。知らんプリンは、次生まれ変わるとしたら、いつも元気に自分からあいさつするコンビニの店員さんになりたいと思っているんだって。

どちらの未来を選ぶ？

・あいさつをする人もいなければ返す人もいない世界。

・あいさつをしたら、気持ちの良いあいさつが返ってくる世界。

ヤリッパ

ヤリッパ（やりっぱ）

ねらい　　身の回りの整理整頓をする

名前の由縁　やりっぱなしにする（やりっぱなし　→　槍　＋　スリッパ）

出現場面　授業や生活の中で使ったものを元の場所にしまわず、やりっぱなしにしてしまう時

攻略アイテム　つくえクリーナー・せいリゴコロ・美化ピカファインダー

いたずらフォースによる効力

　後で片付けようと思っていても、授業で使ったものを元の場所に戻すのを忘れて、気付くとものが散らかっていたりぐちゃぐちゃになっていたりすることはありませんか？

　「使ったらすぐ元に戻す」と何回も言われているけど、何度やってもやりっ放しにしてしまうのは、もしかしたら「ヤリッパ」の仕業かもしれません。

　ヤリッパはフォースを使って、ものを使ってもやりっぱなしにして、ものが散らかるようにしているんだって。

いたずらの理由

　実はね、ヤリッパは、とにかくかくれんぼが好きなんだって。暇さえあれば、かくれんぼがしたくなっちゃう。隠れるところが多ければ多いほど、かくれんぼは楽しくなるでしょ。だから、使ったものを片付けないでやりっぱなしにさせようとするんだって。

　でも、小さいものを散らかしても自分は隠れられないってことに、最近気付いてきたんだって。やっぱりかくれんぼは、外でしようかなと思っているみたい。

転生した後…

　みんなが使ったものを元に戻して隠れるところがなくなったら、ヤリッパは転生して、近くの下駄箱に戻っていきます。ヤリッパは、次生まれ変わるとしたらスニーカーになって、隠れるところがなにもない広い場所で、思いっきり鬼ごっこをやりたいんだって。

どちらの未来を選ぶ？

・ものが散らかっていて、ものがごちゃごちゃしている世界。
・整理整頓ができていて、すっきり気持ち良く生活できる世界。

まぁまぁレード

まぁまぁレード（まぁまぁれいど）

ねらい　　マナーよく給食を食べる

名前の由縁　まぁまぁ、固いこと言わないで（まあまあ【形容動詞】　＋　マーマレード）

出現場面　気付くと、マナー良く食事をとることができない時

攻略アイテム　いろたべ・おとタテズ・三ツ星マナー

いたずらフォースによる効力

　食事をとる時のマナーには、どんなものがありますか？三角食べをしたり音を立てずに食べたり場に応じた作法を意識したりと、考え出したら難しくてマナーを忘れて食事をとってしまうことはありませんか？

　マナーよく食べようとは思っていても、気付くと落ち着きなく食べてしまっているのは、もしかしたら「まぁまぁレード」の仕業かもしれません。

　まぁまぁレードはフォースを使って、マナーを忘れさせて食事を食べるようにしているんだって。

いたずらの理由

　実はね、まぁまぁレードは、昔フランス料理店で仕事をしていたんだって。だから、マナーの大切さはとてもよく分かっているんだ。でも、そのお店はとてもマナーが厳しく、お客さんがマナーを気にし過ぎて、せっかく美味しい料理も味わえずに帰っていく人がたくさんいました。まぁまぁレードは、「マナーも大事だけど、あまり気にし過ぎずに食べ物の美味しさを味わってほしい」と考えるようになったんだ。だから、マナーについては「まぁまぁ」と言いながら、食べることの楽しさを大事にしているんだ。でも本当は、みんなにはマナーよく食べられる大人になってほしいとも思っているんだけどね。

転生した後…

　食事を楽しみつつマナーも意識できるようになったら、まぁまぁレードは転生して、マナーに厳しいフランス料理店に戻ります。まぁまぁレードは、次生まれ変わるとしたら、園児が元気にもりもり食べる保育園で仕事をしたいと思っているんだって。

どちらの未来を選ぶ？

・マナーを気にせず、思いのままに食事をする世界。

・食事を楽しみつつ、マナーを意識して食事をする世界。

湯っ栗

湯っ栗（ゆっくり）

ねらい　**行動を切り替え、次の行動に備える**

名前の由縁　**ゆっくり落ち着いてやろう（ゆっくり　＋　栗）**

出現場面　**目の前のことに取り組んでいて、気持ちの切り替えが難しい時**

攻略アイテム　**きりかえスイッチ・きりかえフラッシュ・さきよみチェンジ**

いたずらフォースによる効力

　目の前の課題に一生懸命に取り組んでいる時、先生が次の話を始めることがあります。その時、「今は問題に集中したいのに」と思うこともありますよね。

　先生が作業をやめてほしいということは分かっているものの、なかなか行動を切り替えられないのは、もしかしたら「湯っ栗」の仕業かもしれません。

　湯っ栗はフォースを使って、ゆっくり行動させて切り替えができないようにしているんだって。

いたずらの理由

　実はね、湯っ栗は、「桃栗三年柿八年」というくらいで、時間がゆっくり流れる世界に住んでいたんだ。１日がとても長いから、目の前のことに気が済むまで取り組むことができたんだって。大好きなことにはずっと集中して取り組めるから、丁寧に仕上げることがとても得意なんだ。だから、みんなには切り替えも大事だけど、物事にゆっくり丁寧に取り組むことの素晴らしさを分かってほしいと思っているんだって。

転生した後…

　作業が雑にならず切り替え上手になったら、湯っ栗は転生して、中華街の甘栗屋さんに戻ります。湯っ栗は、次生まれ変わるとしたら、物事にじっくり取り組む「字っ栗（じっくり）」になりたいと思っているんだって。

どちらの未来を選ぶ？

・切り替えは速いが、目の前のことに雑に取り組む世界。

・目の前のことに丁寧に取り組みつつ、切り替え上手な世界。

即伝
そくでん

即伝（そくでん）

ねらい　　私語を慎み、その場に応じて適切に発言する

名前の由縁　聞いたら、即、伝える（**即、伝**える）

出現場面　話している相手が質問などをして、まだ指名されていないのに答えを言おう
　　　　　としてしまう時

攻略アイテム　くちブタ・こころトーク・TPOトーク

いたずらフォースによる効力

　授業や集会などで、話している人が質問をしてきました。その質問の答えが分かった時、あなたはどうしていますか？

　答えが分かった瞬間、指名をされていないのに答え始めてしまうのは、もしかしたら「即伝（そくでん）」の仕業かもしれません。

　即伝はフォースを使って、言いたい気持ちを大きくして速く答えを言わせようとしているんだって。

いたずらの理由

　実はね、即伝は、自分の世界では"飛脚"をしているんだって。飛脚って、知っているかな？飛脚とは、昔の郵便のような役割のことで、急ぎの書類や金銀を馬に乗ったり自分で走ったりして配達する人のことだよ。だから即伝は、伝達はスピードが命だと思っているから、受け取った情報はなるべく速く周りの人に伝えようとしているんだ。そうすれば、みんなが喜んでくれると思っているんだ。でも、みんなで話をする時には、情報を伝えないようにしておくことも大事だってことには、まだ気付いていないみたい。

転生した後…

　みんながそれぞれ勝手にものを言わず、その場に応じて上手に発言できるようになったら、即伝は転生して、宅配便のトラックのマークに戻ります。即伝は、次生まれ変わるとしたら、ネット社会の中で高速データを送れる5Gになりたいんだって。

どちらの未来を選ぶ？

・言いたくなったら、それぞれが勝手に話をする世界。
・相手や周りの様子を見ながら、自分の順番がきたら話をする世界。

よまず

よまず

ねらい　　場の空気を読む

名前の由縁　何も読まない（読まない ＋ なまず → よまず）

出現場面　　その場の状況が読めず、場違いな発言や行動をしてしまう時

攻略アイテム　ワイワイクラッカー・おとなシーン・空気リーダー

いたずらフォースによる効力

　みんなが楽しんでいる時、誰かが叱られている時、友達が悲しんでいる時、あなたはどのように振る舞っていますか？

　悪気はないんだけどその場の空気が読めず、相手を怒らせたり嫌な気持ちにさせてしまったりするのは、もしかしたら「よまず」の仕業かもしれません。

　よまずはフォースを使って、何も読まずに周りを気にしないようにしているんだって。

いたずらの理由

　実はね、よまずは、自分の世界では地震を感じ取って周りに伝える役だったんだって。よまずは、その役をきっちりと果たそうとして、いつも神経をすり減らしていました。地震を予知した時はみんなから喜ばれるけど、みんなが普通に生活している時も、よまずは自分の楽しいことにも集中できません。そして、ずっと周りを気にしていることにとうとう疲れてしまいました。だから、みんなが空気を読み過ぎて疲れてしまわないように、あえて何も読まないようにしているんだ。そうすれば、気が楽になる人もいるんじゃないかって思っているからさ。でも、空気を読まずにみんなとうまくやることが、とても難しいことだということも、よまずは分かっているんだけどね。

転生した後…

　みんなが程良く空気が読めるようになったら、よまずは転生して、水族館の水槽に戻ります。よまずは、次生まれ変わるとしたら、風が吹いてきたら動く風任せな風車になりたいと思っているんだって。

どちらの未来を選ぶ？

・空気を読まず、自分の思ったままに行動する世界。

・ほど良く空気を読んで、自分も友達も気持ち良く過ごせる世界。

ワンダーマン

ワンダーマン

ねらい	ふざけている友達につられない
名前の由縁	ワンダー（奇跡・不思議・驚き・感嘆・驚嘆・驚異）を最優先にする人
出現場面	やるべきことがあるのに、他の楽しそうなことにつられてしまう時
攻略アイテム	ふざツラレ・つられちゃったハンド・けじマジ

いたずらフォースによる効力

　授業や活動の時間が始まっても、何やら面白そうなことをしてふざけている友達を見かけたら、あなたはどうしますか？

　今は遊ぶ時間ではないのは分かっていても、楽しそうにしているのは何なのか気になって仕方がなくなるのは、もしかしたら「ワンダーマン」の仕業かもしれません。

　ワンダーマンはフォースを使って、楽しそうなことに気持ちを引き寄せようとしているんだって。

いたずらの理由

　実はね、ワンダーマンは、元の世界では超真面目人間で、勉強ばかりしていたんだ。遊びたい気持ちを抑えて、将来のために勉強を最優先にして頑張り続けました。そして、エリートサラリーマンになって会社でも頑張っていたんだけど、ふと自分が楽しいと思うことは何もしてきていないことに気付きました。やっぱりもっと楽しいこともしておけばよかったなと後悔してしまいました。だから、みんなにはこの世の中には楽しいことがもっともっとあることに気付いてもらおうとしているんだ。そうすれば、頑張り過ぎず自分の楽しみも大切にできる人になってもらえるからさ。でも、そのバランスを取るのがとても難しいということもワンダーマンは知っているんだけどね。

転生した後…

　真面目さと楽しさのバランスを上手に取れるようになったら、ワンダーマンは転生して、複合型娯楽施設に戻ります。ワンダーマンは、次生まれ変わるとしたら、自然の楽しさを人間に伝える遊びのインストラクターになりたいと思っているんだって。

どちらの未来を選ぶ？

・やるべきことをやらず、自分の楽しみだけを優先する世界。
・やるべきことをやりつつ、自分の楽しみも大切にする世界。

しょうゆう

少友

少友（しょうゆう）

ねらい	友達を増やす
名前の由縁	友達は少なくていい（**少ない友達**）
出現場面	友達はほしいが、そんなにたくさんいなくてもいいかなと思ってしまう時
攻略アイテム	あそんだかぞえ・なまえメモリー・ともだちフォルダ

いたずらフォースによる効力

　新しい学年、新しいクラスになって新しい友達を作る時、自分から声をかけますか？友達から声がかかるのを待ちますか？

　友達はほしいけど、自分から友達を作ろうとしないのは、もしかしたら「少友（しょうゆう）」の仕業かもしれません。

　少友はフォースを使って、友達はいるからそんなにたくさんいなくていいかなと思うようにさせているんだって。

いたずらの理由

　実はね、少友は、数は少なくていいから本当の友達を作りたいと思っているんだって。友達って言っても、いろいろな友達がいるよね。あいさつをするだけの友達、同じクラスの友達、一緒に登下校をする友達など。少友が作りたい友達とは、放課後一緒に遊ぶ友達、悩みがあったら聞いてくれる友達、自分が良くないことをしていたらちゃんと注意してくれる友達なんだ。だから、少友は自分から友達を増やそうとしなくても、本当の友達とは自然と仲良くなっていくし、本当の友達は嫌がらせやいじめなんて絶対にしてこないと思っている。だから「全く友達はいらない」と言っている訳ではないんだよ。

転生した後…

　本当の友達関係で繋がる人が増えていったら、少友は転生して、近所のスーパーの醤油売り場に戻ります。少友は、次生まれ変わるとしたら、塩分も少ない薄口の減塩醤油になりたいと思っているんだって。

どちらの未来を選ぶ？

・親しい友達とだけ関わる世界。
・親しい友達を大切にしながら、いろいろな人と関わる世界

ナイナイ

ナイナイ

ねらい	友達の良いところを探す
名前の由縁	悪いところなんてないない　だから良いところもないない
出現場面	友達の良いところを探そうとしても、なかなか見つけられない時
攻略アイテム	いいとこかくれんぼ・いいとこ神経衰弱・いいとこダーツ

いたずらフォースによる効力

「友達の良いところを、いくつ言えるかな？」と先生に聞かれた時、あなたはすぐに友達の良いところを見つけられますか？いくつ挙げられますか？

友達の良いところを見つけようとして、いろいろ考えても、なかなか見つからないのは、もしかしたら「ナイナイ」の仕業かもしれません。

ナイナイはフォースを使って、「良いところなんか、なーい、なーい」と呪文をかけて、良いところが見つからないようにしているんだって。

いたずらの理由

実はね、ナイナイの住んでいた南の島では、動物も植物もお互いのバランスを上手にとりながら暮らしていたんだ。ナイナイたちの生活には、みんながみんなにとって大事な存在なんだ。誰も悪いところはないし、良い悪いではなく、お互いに必要だと思っているんだ。だから、「良いところなんて、なーい、なーい」と言いながら、誰も悪くないってことを伝えようとしているんだ。そうすれば、みんなが「自分は自分のままでいい」って思えるからね。ナイナイは、人間の世界では悪いところの方が目につきやすいってことも知っているから、なおさら「なーい、なーい」と言いたくなるみたいだよ。

転生した後…

みんながお互いのことを大切に思えるようになったら、ナイナイは転生して、動物園の猿ゾーンに行きます。ナイナイは、次生まれ変わるとしたら、あるある探検隊に入りたいと思っているんだって。

どちらの未来を選ぶ？

・人を良い悪いで判断する世界。
・お互いの存在を必要とし合う世界。

シラクマ

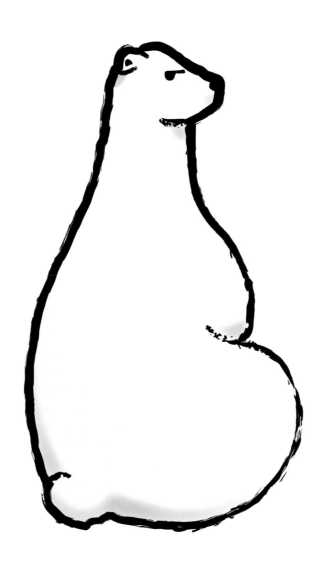

シラクマ

ねらい　**元気のない友達を励ます**

名前の由縁　盛り上がっている雰囲気に、ちょっとしらけている（**しらけているクマ**）

出現場面　**友達同士が励まし合って、良い雰囲気になっている時**

攻略アイテム　**だいじょうぶジョーロ・はげましタッチ・こころチア**

いたずらフォースによる効力

　元気がなかったり落ち込んでいたりする友達を見かけた時、あなたはどうしていますか？迷うことなく自分から励ましに行くことができますか？

　励まし合うことは良いことだとは思っているのだけど、なぜか気持ちが引き気味になってしまうのは、もしかしたら「シラクマ」の仕業かもしれません。

　シラクマはフォースを使って、ちょっと引いた感じを出してクラスが盛り上がらないようにしているんだって。

いたずらの理由

　実はね、シラクマは、シロクマの仲間だから暖かいところが苦手なんだって。友達同士、励まし合うと雰囲気が良くなって心が温まるのはいいんだけど、気温が上がるのはちょっと嫌なんだって。クラスの雰囲気も温かいくらいはちょうどいいけど、熱くなりすぎるとそれに乗れない人達の居心地が悪くなるよね。だから、ちょっとしらけた雰囲気を出すことで、クラスの状態と気温をちょうどいい感じにしようとしているんだ。クラスにはいろいろな人がいていいし、自然な感じでお互いを認め合えていればいいとシラクマは思っているんだよ。

転生した後…

　自然な感じでお互いに支え合えるようになったら、シラクマは転生して、動物園の南極ゾーンに戻ります。シラクマは、次生まれ変わるとしたら、今度は熱血プロテニスプレイヤーみたいになりたいんだって。

どちらの未来を選ぶ？

・みんな元気で熱く盛り上がっているけど、無理して合わせることも多い世界。
・ちょうどいい具合で、お互いを支え合う世界。

ミゾーン

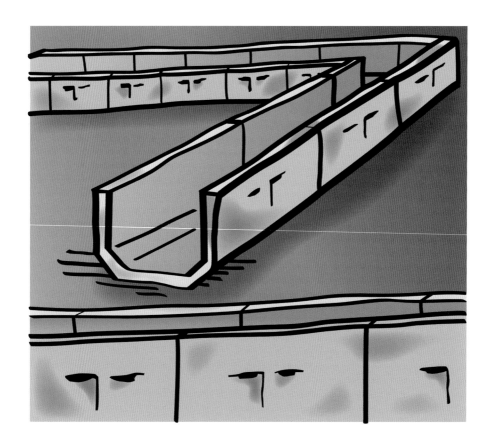

ミゾーン

ねらい	けんかした友達の仲をとりもつ
名前の由縁	人と人の間に溝を作る （溝 ＋ ゾーン）
出現場面	友達同士のけんかがあっても、何もしようとしない時
攻略アイテム	ドッチモともだち・ともだちボンド・ともだちセーバー

いたずらフォースによる効力

教室や校庭で友達同士がけんかをしているのを見かけたら、あなたはどうしますか？すぐにそばに行ってなんとかしようとしますか？それとも見なかったことにしますか？

トラブルは解決した方がいいとは思っても、特に仲裁に入ろうとは思わないのは、もしかしたら「ミゾーン」の仕業かもしれません。

ミゾーンはフォースを使って、自分と友達、友達と友達との距離をとって、その間に溝を作ろうとしているんだって。

いたずらの理由

実はね、ミゾーンが住んでいた村ではまだ川がちゃんと整備されていなくて、川の水が溢れてよく洪水になっていたんだって。洪水になると、家も畑も家畜もみんな流されてしまうから、とても多くの人が悲しむんだ。だから、よくないことが起きそうになると、ミゾーンはあたり構わず溝を作ってしまうんだ。そうすれば、みんなが悲しまないんじゃないかって思い込んでいるんだ。でも、友達との間に溝を作ってしまうことは、あまりよくないってことにはまだ気付いていないんだ。

転生した後…

溝ができてもそれ以上大きくしないようにして、けんかが起きたら誰かが仲裁するようになったら、ミゾーンは転生して、雨水が流れる側溝に戻ります。ミゾーンは、次生まれ変わるとしたら、ドローンになって空から水の流れを見たいと思っているんだって。

どちらの未来を選ぶ？

・けんかがあっても、誰も止めようとしない世界。
・けんかがあったら、仲直りできるように周りがなんとかしようとする世界。

ドミノストッパー

ドミノストッパー

ねらい　　励ます対象を広げる

名前の由縁　広がりを止める　→　倒れようとするドミノを止める役目　→　ドミノストッパー

出現場面　友達に励ましてもらったら、他の誰かを励まそうとしてもそれがうまくできない時

攻略アイテム　はげましがえし・はげましバトン・はげま震源地

いたずらフォースによる効力

　落ち込んでいる自分を友達が励ましてくれたから、今度は自分が他の人を励ましてあげようとすぐに思えますか？それとも、それはなかなか難しいことですか？

　励ましてもらうことのありがたみは分かってはいても、それを他の人に繋げていけないのは、もしかしたら「ドミノストッパー」の仕業かもしれません。

　ドミノストッパーはフォースを使って、広がりを止めて友達の励ましが他の人に伝わらないようにしているんだって。

いたずらの理由

　実はね、ドミノストッパーは、見ての通りドミノが倒れていかないように止める仕事をしていたんだ。ドミノをやったことのある人は分かると思うけど、全部並べ終わるまでに、間違えてドミノを倒してしまうことってあるよね。思いの外、たくさん倒れてしまった時のあの残念な気持ちったらないよね。そんな時、ドミノストッパーが倒れるのを止めてくれると、「本当助かった！」って思うよね。とにかくドミノストッパーは物事を止めれば、人は喜ぶと思っているんだ。だから、励ましを広げようとしても、止める働きをしてしまうんだ。本人は、良いことをしていると思っているんだけ、励ましは止めない方がいいって気付いてくれるといいんだけどね。

転生した後…

　他の人に励ましを伝えられるようになったら、ドミノストッパーは転生して、「ギネスに挑戦！ドミノ大会」の会場に戻ります。ドミノストッパーは、次生まれ変わるとしたら、もっと仕事の多いドアストッパーになりたいと思っているんだって。

どちらの未来を選ぶ？

・友達が励ましてくれても、自分からは励ましてあげられない世界。
・友達が励ましてくれたら、自分も他の人を励ましてあげられる世界。

見ぬふり美人

見ぬふり美人（みぬふりびじん）

ねらい　　いじめを見た時、適切に対処する

名前の由縁　見ないふりをする（見ぬふり　＋　見返り美人）

出現場面　友達がいじめられていそうでも、何もできずにいる時

攻略アイテム　いじめジャッジ・いじめサイレン・レスキューボタン

いたずらフォースによる効力

いじめなのか遊びなのか、はたから見ているだけでは見分けがつきにくいこともあるかもしれません。でも、明らかにこれはいじめだと思った時、あなたはどうしますか？

いじめを見かけても、何もできずにそのままにしてしまうのは、もしかしたら「見ぬふり美人」の仕業かもしれません。

見ぬふり美人はフォースを使って、目をそむけて何も見なかったことにしようとしているんだって。

いたずらの理由

実はね、見ぬふり美人は、昔大奥で先輩や仲間からひどいいじめを受けたんだって。自分では何もしていないつもりでも、周りの人たちは何かイライラしてしまうんだって。何か良くないことがあれば言ってほしかったけど、それは言わずに、ただ嫌がらせをしてくるんだって。毎日毎日、とても辛い日々で、朝起きるのも大変だったんだ。だから、いじめは良くないって心の底から思っているけど、いじめを見ても昔の嫌なことを思い出してしまい、何もできずに見ぬふりをしてしまうんだ。でも、本当は誰よりもいじめがなくなってほしいと見ぬふり美人は思ってはいるんだけどね。

転生した後…

いじめかもしれないと思って、いじめをやめようと言えるようになったら、見ぬふり美人は転生して、美術館の絵の中に戻ります。見ぬふり美人は、次生まれ変わるとしたら、今度こそはいじめに立ち向かえる仁王様みたいな人になりたいと思っているんだ。

どちらの未来を選ぶ？

・いじめを見かけても何もしない世界。

・いじめを見かけたら、「それは良くない」と声をかけ合える世界。

モヤモヤン

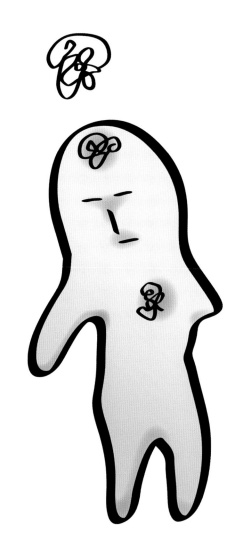

モヤモヤン

ねらい　いじめられていると感じた時に対処する

名前の由縁　元気が出なくて、心がモヤモヤする（　→　モヤモヤ）

出現場面　自分がいじめられていると感じて助けがほしいと思っても、何もできない時

攻略アイテム　ピンチSOS・あちこちヘルプサイン・ヘルプウェブ

いたずらフォースによる効力

みなさんは、いじめられたことはありますか？苦しくてどうにかしてほしいと思った時、あなたは誰かに助けを求めることができますか？

辛くて今の状況をどうにかしてほしいのだけど、どうにも元気が出なくて何もできないのは、もしかしたら「モヤモヤン」の仕業かもしれません。

モヤモヤンはフォースを使って、気持ちをモヤモヤさせて何もできないようにしているんだって。

いたずらの理由

実はね、モヤモヤンは、あなたがいじめを受けて苦しんでいることを知っているんだ。モヤモヤンは、本当はあなたの味方なんだ。「でも、味方ならどうして助けを求める邪魔をするんだ」って？それは、あなたの命を守るために心のエネルギーをセーブしようとしているんだ。助けを求めるって本当に勇気がいるし、とてもエネルギーを使うんだ。たとえ助けを求めても誰も助けてくれなかったら、余計にダメージを受けてしまうしね。「助けてほしいサインを出す」という助け方もあれば、「命を繋ぐためにエネルギーを節約する」という助け方もあるんだ。モヤモヤンは心と命を繋ごうとしているんだ。「だからこそ、周りのみんなの助けが必要だ！」とモヤモヤンは言っている。いじめを受けて苦しんでいる人を救えるのは、周りのみんななんだと。いじめから友達を救うって本当に難しいことだけども、みんなには勇気を出して立ち向かってほしいとモヤモヤンは言っているよ。

転生した後…

いじめで苦しくなっても助けを求めることができるようになっても、モヤモヤンはずっとあなたを守ってくれるよ。モヤモヤンは、次生まれ変わったとしても、「またあなたの心を守るよ」って思っているんだって。

どちらの未来を選ぶ？

・苦しい時に自分では何もできずに、誰も何もしてくれない世界。

・苦しい時は助けを求めることができて、誰かが助けてくれる世界。

柚子蘭
ゆずらん

ゆずりません

柚子蘭（ゆずらん）

ねらい　**相手のことを考え行動する**

名前の由縁　**ゆずらない（ゆずらない　→　ゆずらん　←　柚子　＋　鈴蘭）**

出現場面　**友達に係や順番をゆずれない時**

攻略アイテム　**あいこゆずり・ゆずりゴコロ・ともだちファースト**

いたずらフォースによる効力

　新しい学期になって、係や役割を決める時、友達とやりたいものが一緒になったら、あなたはどうしますか？ジャンケンで決めますか？ゆずってあげますか？

　相手のことを考えるとゆずった方がいいのだけど、どうしてもゆずることができないのは、もしかしたら「柚子蘭」の仕業かもしれません。

　柚子蘭はフォースを使って、やりたい気持ちを大きくしてゆずれないようにしているんだって。

いたずらの理由

　実はね、柚子蘭は、昔は柚子だけにゆずってばかりいたんだって。周りの植物たちもみんな日の当たる場所に行きたがるんだ。時には「おまえ、柚子なんだからゆずれよ！」なんて言われたこともあって。気が弱くて、どうぞどうぞと言っているうちに、とうとう日陰の場所に追いやられ、結局小さな実しか実らなかったんだ。そこへ、鈴蘭がやってきて「手伝ってあげるから日向に行こうよ！」と言ってくれたんだ。それからようやく「ゆずらん！」と言えるようになり、自分の気持ちをみんなに言うことができるようになったんだって。ゆずらないことで日向に行けるようにはなったんだけど、でも、本当はゆずってあげたほうがいいのかなとも思っているみたいだよ。

転生した後…

　相手のことを考えて、ゆずれるようになったら、柚子蘭は転生して、柚子はおうちの庭へ、鈴蘭はお花屋さんに戻ります。次生まれ変わるとしたら、柚子はおしゃれに柚子ピールになりたいんだって。鈴蘭は怒ってばかりのイカの手伝いでもしようかと思っているらしい。

どちらの未来を選ぶ？

・相手のことは考えず、自分のことだけ考えて行動する世界。
・相手のことも考えて、ゆずれる時はゆずってあげる世界。

ブレイメンズ

ブレイメンズ

ねらい　　相手に感謝の気持ちを伝える

名前の由縁　　無礼な男たち　（ブレイ　＋　メンズ）

出現場面　　相手に感謝の気持ちを伝えるタイミングで、うまく伝えられない時

攻略アイテム　　「た」までズワリ・めづたえ・ココロモおじぎ

いたずらフォースによる効力

　みなさんは、授業が終わった時のあいさつや何かしてもらった時のお礼は、相手に気持ちが伝わるようにちゃんとできていますか？

　ありがとうの気持ちがない訳ではないけど、それが相手になかなか伝わらないのは、もしかしたら「ブレイメンズ」の仕業かもしれません。

　ブレイメンズはフォースを使って、ちょっとふざけて無礼にさせているんだって。

いたずらの理由

　実はね、ブレイメンズは、演奏を聞いてくれるお客さんをもっともっと楽しませたいと思っていたんだ。楽器の練習はしっかりやって上手に演奏もできるようになり、本番では拍手ももらえるようになりました。ブレイメンズは、演奏だけでなくもっとお客さんを楽しませようとして、今度は演奏しながら顔芸もするようになったんだって。でも、それが良くなくて、演奏を聞いてくれていたお客さんも顔芸が始まったとたん、みんな怒って帰ってしまったんだ。お客さんを楽しませようとしてやったのに、どうして怒って帰ってしまったのか、今でもブレイメンズは分からないんだって。楽しませようと思ったとしても、あんな無礼な顔をしたらさすがにいけないよね。

転生した後…

　自分の気持ちが相手にちゃんと伝えられるようになったら、ブレイメンズは転生して、高原にある牧場に戻ります。ブレイメンズは、次生まれ変わるとしたら、今度こそは世界一のカルテットになりたいと思っているんだって。

どちらの未来を選ぶ？

・自分の気持ちが伝わらないのは相手のせいだと考える世界。

・相手に伝わる形で、自分の気持ちを伝えられる世界。

はずか<ruby>C<rt>しい</rt></ruby>

はずか C（はずかしい）

ねらい　**好きな相手に対し適切に行動する**

名前の由縁　**恥ずかしい（はずかしい　＋　C）**

出現場面　**好きな人を前に、恥ずかしくて思ったように行動できない時**

攻略アイテム　**すきだけどリバース・すなおアクション・さりげなシンセツ**

いたずらフォースによる効力

　好きな人を前にすると、照れくさかったり恥ずかしかったりして、普段のように行動できなくなってしまう人はいませんか？

　相手に対して好きだという気持ちがあるからこそ、からかったりもじもじしたりしてしまうのは、もしかしたら「はずか C（はずかしい）」の仕業かもしれません。

　はずか C はフォースを使って、好きな人を意識させていつも通りに振る舞えないようにしているんだって。

いたずらの理由

　実はね、はずか C は、昔、C らんぷり（知らんぷり）だったんだ。好きな人がいても、自分の気持ちを相手に絶対に気付かれないように、いつも好きな相手のことを知らんぷりしていました。相手の人はずっと知らないふりをされていたから、C らんぷりの気持ちに気付かないまま、結局その人は転校してしまったんだって。C らんぷりは、知らないふりをしてしまったことをとても後悔したんだ。だから、C らんぷりからはずか C になって、好きだという気持ちを相手に伝わるか伝わらないか微妙な感じで、小出しにするようになったんだって。みんなは好きだという気持ちを、意地悪をしたりからかったりする形で伝える？それとも C らんぷりする？はずか C くらいがちょうどよくない？

転生した後…

　好きだと言う気持ちを意地悪やからかいで伝えないようになったら、はずか C は転生して、体の中のビタミン C に戻ります。はずか C は、次生まれ変わるとしたら、おくゆか C（奥ゆかしい）になりたいと思っているんだって。

どちらの未来を選ぶ？

・好きだと言う気持ちを意地悪やからかいで伝える世界。

・恥ずかしい気持ちはあっても、相手が受け取りやすい形で伝える世界。

茶化スタネット

茶化スタネット（ちゃかすたねっと）

ねらい　　トラブルを話し合いで解決する

名前の由縁　話し合いが進まないように、茶化す（茶化す　＋　カスタネット）

出現場面　話し合いでトラブルを解決しようとしてもできない時

攻略アイテム　せんせいジョイント・ともだちジョイント・だちだけカイケツ

いたずらフォースによる効力

　学校で生活していれば、やはり友達同士のトラブルはどうしても起きてしまいますね。トラブルが起きた時、みなさんはどのようにしていますか？

　トラブルの当事者では解決が難しい時、誰かの力を借りればうまくいくかもしれないのに、なかなかそのようにならないのは、もしかしたら「茶化スタネット」の仕業かもしれません。

　茶化スタネットはフォースを使って茶々を入れ、話し合いが解決しないようにしているんだって。

いたずらの理由

　実はね、茶化スタネットは、人を笑わせて楽しませるために、お笑い芸人を目指していたんだって。人が集まっているところがあれば、冗談を言ったリギャグを言ったり茶化したり、あの手この手を使ってみんなを笑わせたくなるんだ。「笑いがあるところには幸せが集まる」と信じているから。だから、トラブル解決のために集まって話し合っているところでも関係なく、ちょっとでも笑わせようとしてしまうんだ。でも、やっぱり時と場を考えてくれないと困るよね。あとなぜだか知らないけど、茶化スタネットはトラブルが解決してしまうとお尻がかゆくなるから、解決してほしくもないんだって。なぜかと言うと「カイケツ　→　**カイー、ケツ**が」だって。やっぱりつまんないね。

転生した後…

　話し合いでトラブルを解決できるようになったら、茶化スタネットは転生して、茶箪笥と楽器置き場に戻ります。茶化スタネットは、次生まれ変わるとしたら、お笑いチャンピオンになりたいと思っているんだって。

どちらの未来を選ぶ？

・話し合いでは解決できず、大人に良い悪いを決めてもらう世界。

・手伝ってもらってもいいから、話し合いで納得して解決する世界。

邪魔姥

じゃまんば

邪魔姥（じゃまんば）

ねらい	相手の心情を察する
名前の由縁	邪魔をする山姥（じゃま　＋　やまんば）
出現場面	相手の心の状態を探ろうとしても、よく分からなくなる時
攻略アイテム	えがおカウンター・マグマレーダー・こころセンサー

いたずらフォースによる効力

あなたは、会話をしなくても友達や先生、おうちの人の機嫌が分かりますか？相手の心の状態が分からなくて、何か失敗したことはありますか？

気を付けているつもりでも、ちょっとしたことで相手が怒り始めてしまうのは、もしかしたら「邪魔姥（じゃまんば）」の仕業かもしれません。

邪魔姥はフォースで邪魔をして、相手の心の状態を読ませないようにしているんだって。

いたずらの理由

実はね、邪魔姥は、前はあの昔話に出てくる山姥だったんだって。あの時は、和尚さんと小僧さんにしてやられて、本当に悔しい思いをしたと今でも思っているんだ。「厠（トイレ）に行きたい」って言うから行かせてやったのに…。「豆に化けられるか？」と言うから化けてやったのに…。あの時、相手のことを気にしないで、「小僧を食べてやる」という自分の気持ちを押し通していたら、和尚さんに食べられてしまうこともなかった。だから、邪魔姥は相手の心を読ませないようにして、自分の思いや考えを貫かせようとしているんだ。そうすれば、相手に騙されることもないからね。邪魔姥の話はちょっと怖いけど、詐欺に引っかかりそうな時は、邪魔姥がいてくれた方がいいかもね。

転生した後…

相手の心の状態が分かるようになったら、邪魔姥は転生して、昔話の世界に帰ります。邪魔姥は、次生まれ変わるとしたら、川で桃を拾うあのお婆さんになりたいんだって。

どちらの未来を選ぶ？

・相手の心の状態が分からず、いらぬ災難に会ってしまう世界。
・相手の心の状態が分かり、上手に立ち振る舞うことができる世界。

蟻のママ

蟻のママ（ありのまま）

ねらい	不快な気持ちを抑えて相手に伝える
名前の由縁	有りの儘、実際にあったとおり （ありのまま → 蟻 ＋ ママ）
出現場面	気持ちを抑えて相手に伝えようとしても、その気持ちが抑えられない時
攻略アイテム	かもトーク・とげぬきリハーサル・たんたんトーク

いたずらフォースによる効力

何か相手に伝える時に自分の気持ちがイライラしていたら、あなたはどうしますか？よくないなとは思っていても、そのイライラを相手にぶつけてしまうことはありませんか？

嫌な気持ちを抑えて相手に用件や気持ちを伝えようとしても、ついきつい言い方をしてしまうのは、もしかしたら「蟻のママ」の仕業かもしれません。

蟻のママはフォースを使って、自分の気持ちを正直に伝えさせようとしているんだって。

いたずらの理由

実はね、蟻のママは、昔は女王様や周りの働き蟻のことばかり気にしていたんだって。相手に嫌な思いをさせないように、ずっと気を遣っていたら、自分の素直な気持ちが出せなくなってしまいました。だから、蟻のママは「ありのままに生きていいのよ」と子供たちにだけは言い聞かせているんだ。女王様のために働いてばかりいないで、子供たちには自分らしく生きてほしいと思っているよ。蟻のママは、自分の気持ちを素直に言っても相手のことを思いやることはできると思っているんだよ。

転生した後…

自分の気持ちを大切にしつつ相手のことも考えられるようになったら、蟻のママは転生して、森にいる蟻の仲間のところへ帰ります。蟻のママは、次生まれ変わるとしたら雪の女王になって、みんなが幸せに暮らせる国を作りたいと思っているんだって。

どちらの未来を選ぶ？

・自分の気持ちだけを大切にする世界。
・相手の気持ちも大切にしつつ、自分の気持ちも大切にする世界。

許匙
ゆるさじ

許匙（ゆるさじ）

ねらい　**相手を許す**

名前の由縁　**許さない（ゆるさない　→　ゆるさじ　＋　匙）**

出現場面　**けんかした相手などを許したくないと思う時**

攻略アイテム　**ごめんねイイヨ・ゆるさないチョコ・ゆるしの残高**

いたずらフォースによる効力

けんかをした後、話し合いをすれば、あなたは相手を許すことができますか？相手が謝ってくれたら許すことができますか？

自分の言いたいことは言って向こうの言い分を聞いても、どうしても許す気持ちになれないのは、もしかしたら「許匙（ゆるさじ）」の仕業かもしれません。

許匙はフォースを使って、ムカムカした気持ちを蒸し返して相手を許さないようにしているんだって。

いたずらの理由

実はね、許匙は、昔スプーンだった頃、友達のフォークにいろいろからかわれたんだって。「ねぇ、スプーン、スープ飲んだことある？」とふざけて聞いてきたり、「ねぇねぇ、プースゥン、プースゥン」って名前で遊んできたりしたんだ。その都度フォークは謝ってくるからスプーンは何回も許しあげたけど、ちょっとイライラしていた時に「あー、スプーンがプンプンおこってらぁ〜」と怒っている様子もからかってきた時はさすがにスプーンも「絶対許さない！」って言って匙を投げて、その日から許匙に変わってしまったんだ。許さない場面だけ見ると「なんで許してあげないの？」と思うかもしれないけど、何度も許してきたスプーンが許匙に変わってしまう気持ちも分かるよね。許すって、簡単なことではないよね。

転生した後…

十分話し合いをして相手を許せるようになったら、許匙は転生して、近所の喫茶店に戻ります。許匙は、次生まれ変わるとしたら、絶妙な匙加減ができるケーキ屋さんになりたいんだって。

どちらの未来を選ぶ？

・相手が謝ってきても、絶対に許さない世界。

・いろいろ思い出すけど、改善してくれることを信じて許してあげる世界。

ミスターオイリー

ミスターオイリー

ねらい　　　相手を攻撃したくなった時に自分を抑える

名前の由縁　ブレーキを効かないようにする　→　機械油　→　ミスターオイリー

出現場面　　相手を攻撃し傷付けてしまう言葉を、言わないようにしていても言ってしまう時

攻略アイテム　いいすぎブレーキ・ぼうげんブレーキ・グサグサことばブレーキ

いたずらフォースによる効力

　理由はいろいろあるけど、無性に頭にきてイライラが抑えられず、相手に嫌な言葉を言ってしまいそうな時、あなたはどうしますか？

　言わないようにしようと決めた言葉でも、どうしても抑えられず暴言を言ってしまうのは、もしかしたら「ミスターオイリー」の仕業かもしれません。

　ミスターオイリーはフォースを使って、ものとものの間をヌルヌルにしてブレーキが効かないようにしているんだって。

いたずらの理由

　実はね、ミスターオイリーは、説明するまでもなく前は機械油だったんだ。機械油の仕事は、機械の中の部品が引っかかって動かなくならないように、部品と部品の間に入って機械をスムーズに動かすことなんだ。でも、昔から変な癖もあって、止まりそうなものを止まらないようにしたくなることもあるんだって。本来ブレーキは、しっかり車輪が止まるようにするものだけど、ミスターオイリーはブレーキを見ると止まらないようにしたくなってしまうんだって。あなたがブレーキを使おうと思っても、どうもうまく効かない理由は、もしかしたらこういうことかもしれないよ。ミスターオイリーに負けないように、あなたはブレーキを上手に使いこなすことができるかな？

転生した後…

　少しでも自分の怒りをコントロールできるようになったら、ミスターオイリーは転生して、町の工場に戻ります。ミスターオイリーは、次生まれ変わるとしたら、今度はイタリア料理で使われるオリーブオイルになりたいと思っているんだって。

どちらの未来を選ぶ？

・自分の怒りのまま、相手を攻撃し続ける世界。

・少しでもいいから自分の怒りをコントロールして、相手を傷付けないようにする世界。

騒象
<ruby>そうぞう</ruby>

騒象（そうぞう）

ねらい　**周りのことを気にせず、やるべきことに集中する**

名前の由縁　**騒々しい象（そうぞうしいぞう）**

出現場面　**目の前の課題に取り組もうとしても集中できない時**

攻略アイテム　**みみたブロック・きにしないシャッター・集中シェルター**

<blockquote>いたずらフォースによる効力</blockquote>

　授業の課題や作業に取り組もうとしている時に遠くから気を散らすような物音がしてきたら、あなたはどのようにしていますか？

　やる気はあるのに、どうしても周りの音が気になってしまうのは、もしかしたら「騒象（そうぞう）」の仕業かもしれません。

　騒象はフォースを使って、気が散るような物音をたてて勉強に集中できないようにしているんだって。

<blockquote>いたずらの理由</blockquote>

　実はね、騒象は、最高のドラマーになりたいと思っているんだって。でも、何度オーディションを受けても合格しないんだ。普通は2本のばちで演奏するところを騒象は3本のばちを操ることができるので、絶対合格できると思っているけど、審査員の人達は良い点数をくれないんだ。だから、誰でもいいから自分に集中を集めて、自分のドラム演奏を聞いてもらおうとしているんだ。そうすれば、聞いている人の中に審査員の人が混じっているかもしれないからね。騒象の審査は審査員に任せておいて、みんなは騒象に集中をもっていかれないように、目の前のことに集中できるといいな。

<blockquote>転生した後…</blockquote>

　気が逸れず目の前のことに集中するようになったら、騒象はあきらめて、他のオーディション会場に向かいます。騒象は、次生まれ変わるとしたら、とっても厳しい審査員になるんだって。可笑しいね。

<blockquote>どちらの未来を選ぶ？</blockquote>

・気になることがあったら、そちらに集中が逸れてしまう世界。

・気になることがあっても、気を逸らさず目の前のことに集中する世界。

ゴールデンバード

ゴールデンバード

ねらい	緊張する場面で力を発揮する
名前の由縁	ゴールデンバード（金鳥　→　きんちょう　←　緊張）
出現場面	発表場面などで緊張してしまう時
攻略アイテム	ドキドキチャレンジ・ドキドキアクセル・ダシキレヤリキレ

<!-- いたずらフォースによる効力 -->
いたずらフォースによる効力

教室で突然指名された時、集会や学芸会などで舞台の上でセリフや演技をしなければいけない時、あなたはどんな気持ちになりますか？

答えられる質問であってもたくさん練習していても、いつもいつも緊張してしまうのは、もしかしたら「ゴールデンバード（金鳥）」の仕業かもしれません。

ゴールデンバードはフォースを使って、不安な気持ちを大きくして緊張するようにしているんだって。

いたずらの理由

実はね、ゴールデンバードは、頑張る人全てに成功を届けたいと思っているんだ。つまり、成功に繋げるために緊張をみんなに届けているんだ。もし、全然緊張しなかったら、みんなはどうかな？もし、まったく緊張しないとしたらちゃんと練習や準備をしなくなるかもしれないよね。だから、頑張る人の近くに現れて、緊張を届けながら応援してくれているんだ。そうすれば、緊張しなくて済むように、たくさん練習してしっかり準備する人が多くなるからさ。誰よりも頑張る人を見守り、応援してくれているのがゴールデンバードなんだよ。

転生した後…

緊張をエネルギーに頑張る人が増えたら、ゴールデンバードはまた次の場所へいって頑張る人を応援するんだよ。ゴールデンバードはこのまま転生しないで、いつまでも頑張る人に緊張を届けて、空からずっと見守ってくれるんだよ。

どちらの未来を選ぶ？

・緊張するのが嫌だから、緊張する場面を避けていく世界。
・努力や準備を大切にし、緊張を力に変えて力を発揮していく世界。

樽"ッ（ダルッ）

ねらい	学習や活動に取り組む際に、心の準備をする
名前の由縁	だるいな（だるい　＋　樽）
出現場面	やらなければならないことがあっても、なかなかやる気が出ない時
攻略アイテム	やるきのネジマキ・やらねばエンジン・アイドリングモチベーション

いたずらフォースによる効力

　長い休みや連休の後など、日常生活のリズムが戻らずなかなかやる気が出ない時、あなたはどうしていますか？いつまでもだらだらしてしまいますか？

　期限は決まっているから、やらなければやらないほど後で困るのは自分なのに、なかなかやる気が出てこないのは、もしかしたら「樽"ッ」の仕業かもしれません。

　樽"ッはフォースを使って、心と体を重くしてやる気が出ないようにしているんだって。

いたずらの理由

　実はね、樽"ッは、見ての通り、昔はお酒を作る工場で酒樽として働いていたんだ。生まれてからずっと、休むことなく毎日毎日樽"ッは文句も言わず働いたんだ。酒樽の仕事はとても大変なんだ。初めのお酒を体の中に入れたら何年もじっと待って、体の中のお酒が美味しくなるのを待つんだ。お酒が美味しくなったら外に出して、また次のお酒を入れて美味しくなるのをひたすら待つんだ。それをずっと繰り返しているうちに、樽"ッは「だるっ…」って言うのが口癖になってしまったんだって。誰かが「だるっ…」って言ったら、ちょっと嫌な感じがするよね。樽"ッが「だるっ…」って言ってしまうのは、あまりよくないことだね。でも「だるっ…」って文句を言ってはいるけど、樽"ッは休むことなくずっと働いていて、やるべきことはちゃんとやっているってことだけは覚えておいてね。

転生した後…

　やる気を出して目の前のことに取り組めるようになったら、樽"ッは転生して、山奥の酒蔵に戻ります。樽"ッは、次生まれ変わるとしたら、お酒を入れる瓶になって工場とお店とお客さんの間を行ったり来たりしたいと思っているんだって。

どちらの未来を選ぶ？

・やる気が出ずに、いつまでもだらだらしている世界。
・適度に踏ん切りをつけて、やるべきことに取りかかる世界。

くや

くやC（くやしい）

ねらい　**勝ち負けにこだわらない**

名前の由縁　**悔しい（くやしい　＋　C)**

出現場面　**勝ち負けにこだわり過ぎて、必要以上に悔しがってしまう時**

攻略アイテム　**オコラズナカズ・かちまけファンファン・しょうブンセキ**

いたずらフォースによる効力

　試合やゲームになると盛り上がる一方で、勝負にこだわり過ぎて、気持ちをコントロールするのが難しくなってしまうことはありませんか？

　勝負ごととなると、「相手に絶対負けたくない！」と強く思ってしまうのは、もしかしたら「くやC（くやしい）」の仕業かもしれません。

　くやCはフォースを使って、負けたくない気持ちを強くして悔しがらせるようにしているんだって。

いたずらの理由

　実はね、くやCは、昔、まけてもE（負けてもいい）だったんだ。争いごとが苦手だったから、争いごとを避けるために「負けてもいい」と思うようにしていたんだ。でも、相手と競うことを避けていたら、努力も練習もしないから勉強や運動の力が伸びなくなったんだ。努力して力を付け活躍する友達を見て、このままではいけないと思うようになったんだ。だから、まけてもEからくやCに変わって、悔しがらせることで「ここが頑張り所だ」ということを強く伝えるようにしたんだって。悔しさを成長のばねに変えて、成長したり進化したりする人の姿は、格好いいし憧れるよね。目の前の勝負だけにこだわるのではなく、将来どんな自分に成長していけるかをイメージして、くやCと上手に付き合っていけるといいね。

転生した後…

　目の前の勝負にこだわり過ぎないようになったら、くやCは転生して、体の中のビタミンCに戻ります。くやCは、次生まれ変わるとしたら、すがすがC（清々しい）になりたいと思っているんだって。

どちらの未来を選ぶ？

・目の前の勝ち負けにこだわり過ぎて、周りに当たり散らす世界。

・悔しさを自分の成長に変えていける世界。

ヒトの精

ヒトの精（ひとのせい）

ねらい　**自分の非を認める**

名前の由縁　**責任を人の所為（せい）にする（人のせい　→　人　＋　妖精）**

出現場面　**自分にも悪い部分があるのに、相手のせいにしてしまう時**

攻略アイテム　**はんせいヤジルシ・いいわけブレーキ・正直ザムライ**

いたずらフォースによる効力

　いたずらや悪ふざけをしてしまった時、あなたはどうしていますか？正直に話をすることができずに、誰か人のせいにしまうことはありませんか？

　自分の悪い部分に気付いてはいても、どうしても人のせいにしてしまうのは、もしかしたら「ヒトの精」の仕業かもしれません。

　ヒトの精はフォースを使って、自分が悪いと分かっていても人のせいにするようにしているんだって。

いたずらの理由

　実はね、元々ヒトの精が住んでいた妖精の世界は、みんなが「誰も悪くない」と思っているから、誰のせいにもしないんだ。でも、人間の世界はすぐに誰かのせいにするよね。ヒトの精は、人間が人のせいにしないとなかなか自分に向き合えないことも知っているんだ。だから、まずは人のせいにさせて心の余裕を作ってから、自分に向き合えるようにしているんだよ。でも本当は「人間には素直に自分の良くなかったところに向き合えるようになってほしい」とヒトの精は思っているんだけどね。

転生した後…

　みんなが素直に自分と向き合えるようになったら、ヒトの精は転生して、元の妖精の世界に帰ります。ヒトの精は、次生まれ変わるとしてもまた妖精になって、どんな要請にも応えられる妖精になりたいと思っているんだって。

どちらの未来を選ぶ？

・人のせいにして、自分は悪くないと思える世界。

・誰のせいにもしないで、自分でできることをみんなでやる世界。

謎蛸
なぞだこ

謎蛸（なぞだこ）

ねらい　気が進まない課題に対し、前向きに取り組む

名前の由縁　謎めいた世界の方が楽しい（墨を吐いて見えにくくすることで、楽しさを作りだす）

出現場面　目の前の課題に対しやる気が出ず、何のためにやるのか意味を見出せない時

攻略アイテム　とりあえずガンバ・たのしミッケ・なんのためさがし

いたずらフォースによる効力

国語や算数の宿題、習いごとの練習などをやらないといけないのに、気持ちが乗らずなかなかやる気が出ない時、あなたはどうしていますか？

いつものことなのにやるべきことを後回しにして、「これ、やっても意味あるの？」と思ってしまうのは、もしかしたら「謎蛸（なぞだこ）」の仕業かもしれません。

謎蛸はフォースを使って、課題の意味を見えないようにしているんだって。

いたずらの理由

実はね、謎蛸は、元の世界ではとてもきれいな海に住んでいたんだ。あまりに水がきれいだからどこまでも見渡せて、どこに何があるかがすぐ分かるんだって。その海はとても居心地が良くて住みやすかったんだけど、ある日、たまたま迷い込んだ沈没船の中の探検が、最高にスリリングで面白かったんだ。どこをどう行けば出口に出られるか分からないから行ったり来たりするけど、だからこそ出口を見つけた時の喜びや嬉しさは最高のものだったんだ。だから、自分で吐いた墨でゴールや答えを隠すことで、課題や生活を楽しいものにしようとしているんだって。謎蛸は「アメイジング、最高！」って思っているんだ。

転生した後…

やるべきことの意味や目的が分かるようになったら、謎蛸は転生して、たこやき屋さんに行きます。謎蛸は、次生まれ変わるとしたら、クイズ番組の出題者になりたいと思っているんだって。

どちらの未来を選ぶ？

・なんのためにやるのか分からず、いつまでもやるべきことに取り組めない世界。

・意味や目的を見出して、やるべきことに自分から取り組んでいける世界。

煽り屋

煽り屋（あおりや）

ねらい　　怒りの感情を制御する

名前の由縁　怒りを煽る（煽る人　→　煽り屋）

出現場面　イライラして、自分で自分の怒りを抑えられない時

攻略アイテム　いかりのフタ・いかりメーター・怒うかせんのばし

いたずらフォースによる効力

悪口を言われたり叱られたり、理由はいろいろあると思いますが、みなさんは自分の怒りをコントロールできますか？それとも、あまりコントロールできませんか？

イライラしている気持ちが気付くとどんどん大きくなって、自分で調整するのが難しいのは、もしかしたら「煽り屋（あおりや）」の仕業かもしれません。

煽り屋はフォースを使って、怒りを焚きつけて怒りの感情をさらに大きくしているんだって。

いたずらの理由

実はね、煽り屋は、元の世界で町内会のお祭りを担当する人だったんだって。どこの町内会もお年寄りが増えて若者が減り、お祭りを開くことがだんだん難しくなってきているんだ。お祭りを楽しみにしている人はたくさんいるけど、お祭りを準備したり盛り上げたりする人が少なくて、みんなとても忙しい思いをして準備にあたっているんだ。お祭りを成功させようとして、煽り屋も必死で準備に走り回ったり盛り上げるために大きな声を出したりしたんだ。だから、煽り屋は熱気を感じると、それが怒りのパワーであっても気付かずに、盛り上げようとさらにさらに大きくしようとしてしまうんだって。「怒り」と「熱気」の違いくらい見分けられるようになってほしいよね。

転生した後…

少しでもいいので、自分の怒りをコントロールできるようになったら、煽り屋は転生して、ねぶた祭りのハネトになります。煽り屋は、次生まれ変わったとしても「煽り運転をするような人には絶対ならない！」と思っているんだって。

どちらの未来を選ぶ？

・自分の怒りに任せて、周りに当たり散らす世界。

・少しでもいいから自分の怒りを調整して対処しようとする世界。

おこりんご

おこりんご

ねらい　　イライラした気持ちに対処する

名前の由縁　　おこりっぽい（おこりんぼ　＋　りんご）

出現場面　　イライラした気持ちを自分では抑えられない時

攻略アイテム　　イライラエスケープ・イラけし・イライラエコロジー

いたずらフォースによる効力

　おうちの人に注意されたこと、友達に悪口を言われたことなど、理由がいろいろあると思いますが、イライラしてどうしようもない時、あなたはどうしていますか？

　気付くと怒りの感情が大きくなり過ぎて、自分ではどうにもできないのは、もしかしたら「おこりんご」の仕業かもしれません。

　おこりんごはフォースを使って、怒りが収まらないようにして、おこりんぼ仲間を増やしているんだって。

いたずらの理由

　実はね、おこりんごは、小さい頃からずっとりんご飴になりたかったんだって。お祭りでりんご飴を美味しそうに食べている子供たちを見ていたら、大きくなったら自分もりんご飴になってみんなを喜ばせたいと思っていたんだ。でも、残念ながらその願いは叶わず、りんごジュースになることになったんだ。しかも果汁３％という超薄味のジュースに。だから、おこりんごは悔しくて悔しくて、あんなに怒っているんだ。「何でそんなに怒るの？」とみんなは思うかもしれないけど、おこりんごにとってはとても大事なことだってことだけは覚えておいてほしいな。でも、あんなに怒っていると、ジュースになる前に焼きりんごになっちゃうよね。

転生した後…

　ちょっとでもいいから、自分の怒りをコントロールできたら、おこりんごは転生して、りんごジュースになります。おこりんごは次生まれ変わるとしたら、絶対にりんご飴になると思っているんだ。お祭りでりんご飴を見たらおこりんごを思い出してくれると嬉しいな。

どちらの未来を選ぶ？

・自分の怒りをコントロールしようとしない世界。

・完全でなくてもいいから、ちょっとでも自分の怒りをコントロールしようとする世界。

かな C

かな C（かなしい）

ねらい　**自分の悲しい気持ちに向き合う**

名前の由縁　**悲しい（かなしい　+　C）**

出現場面　**悲しい気持ちが大き過ぎて、目の前のことが手につかない時**

攻略アイテム　**クヨクヨドライヤー・かなしみタンク・ものごとリフレーム**

> **いたずらフォースによる効力**

　突然悲しいことが起き、でも目の前にやるべきことがある時、あなたは悲しい気持ちを抑えて、やるべきことに取り組むことができますか？

　悲しいできごとを思い出すと、悲しさがどんどん大きくなっていくのは、もしかしたら「かな C（かなしい）」の仕業かもしれません。

　かな C はフォースを使って、悲しい気持ちを大きくして悲しませるようにしているんだって。

> **いたずらの理由**

　実はね、かな C は、悲しみのプールの調整役をやっているんだ。残念なことがあったら、人が悲しい気持ちになることは、とても自然なことなんだ。だから、無理して我慢したり悲しくない振りをしたりする必要はないんだ。でもね、かな C が一番大切にしているのは、みんなの心と体なんだ。みんなの心と体が、悲しみで壊れてしまわないように、時にプールから悲しみを溢れさせたり抜いたりしているんだ。悲しい時は悲しんだ方が、後で気持ちの整理がしやすくなるんだ。かな C は、みんながまた元気になって笑ったり怒ったりできるまで、ずっとそばで見守ってくれるよ。「悲しみが大きすぎる時は、他のことを考えたり気にしないようにしたりするのもいいよ」とかな C は言っているよ。

> **転生した後…**

　悲しみと上手に付き合えるようになっても、かな C は転生しないで、みんなの心にいます。かな C は、次生まれ変わるとしても、あなたのかな C になりたいと思っているんだって。

> **どちらの未来を選ぶ？**

・悲しみに対処できず、何をどうしていいのか分からない世界。

・悲しみに向き合い、悲しみと上手に向き合っていく世界。

バックアッパーズ

バックアッパーズ

ねらい	嫌なことを処理する
名前の由縁	バックアップ…大切なものが壊れたり消えたりしないように、代わりのものを用意しておくこと　（バックアップする人　→　バックアッパー）
出現場面	嫌なことを忘れようとしても、なかなか忘れられない時
攻略アイテム	やなことリセット・やなことシュレッダー・うちあけトライ

・・・・・・・・・・・・・・・ いたずらフォースによる効力 ・・・・・・・・・・・・・・・

悩みや不安などモヤモヤした気持ちを一時的に忘れようと思った時、あなたはどのようにしていますか？

すっきりしない気持ちでいるのは不快だし、時間がもったいないと思っていても、なかなかモヤモヤが晴れないのは、もしかしたら「バックアッパーズ」の仕業かもしれません。

バックアッパーズはフォースを使って、気持ちをモヤモヤしたままにしようとしているんだって。

・・・・・・・・・・・・・・・ いたずらの理由 ・・・・・・・・・・・・・・・

実はね、バックアッパーズは、元の世界では大手IT企業で大事なデータをバックアップしておくUSBやハードディスク、CD-ROMなどの記憶媒体（メディア）だったんだ。バックアップというのは、データが壊れたり消えたりしても大丈夫なように、代わりのデータを用意しておくことなんだ。パソコンには、ものすごく大事で貴重なデータが入っているから、それが消えないようにしておくことは、このグローバル社会においては非常な重要な任務なんだ。記録を消さないようにすることを使命にしてきたバックアッパーズは消えそうな記憶や記録があると、「出番がきた！」と消さないように頑張りはじめるんだ。バックアッパーズに消えてもいいものもあるということを、誰か教えておいてね。

・・・・・・・・・・・・・・・ 転生した後… ・・・・・・・・・・・・・・・

少しでも嫌な気持ちを処理できるようになったら、バックアッパーズは転生して、家電ショップに戻ります。バックアッパーズは、次生まれ変わるとしたら保険会社のセールスマンになりたいと思っているんだって。

・・・・・・・・・・・・・・・ どちらの未来を選ぶ？ ・・・・・・・・・・・・・・・

・モヤモヤした気持ちに引きずられて、時間を有効に使えない世界。

・少しでもいいからモヤモヤする気持ちを調整して、時間を有効に使う世界。

アンコウントロール

アンコウントロール

ねらい	嫌なことを言われた時に気持ちの処理をする
名前の由縁	アンコントロール【制御不能】（アンコウ ＋ アンコントロール）
出現場面	嫌なことを言われて、気にしないようにしていても気にしてしまう時
攻略アイテム	はねかえしミラー・チクチクスルー・グサグサエアバッグ

いたずらフォースによる効力

一時的に自分の心を守るために、嫌なことを言ってくる人のことを気にしないようにすることはできますか？

相手が悪いということは間違いありませんが、「いちいち気にしないようにしよう」と思っても気持ちが言うことを聞かないのは、もしかしたら「アンコウントロール」の仕業かもしれません。

アンコウントロールはフォースを使って、気持ちをコントロールできないようにしているんだって。

いたずらの理由

実はね、アンコウントロールは、「気持ちをコントロールできない」というサインを出して、みんなの心と体を大きなダメージから守ろうとしているんだ。つまり「心と体の状態がよくない」ということを知らせているんだ。心ない言葉を言ってくる人がいたとしても、その言葉の受け止め方や傷付き方はそれぞれ違う。「そんなこと、気にしない方がいいよ」と誰かにアドバイスされたとしても、アンコウントロールが出てきたら、決して無理したり我慢したりしてはいけない。もちろん、アンコウントロールが出てこないように生活することが一番だけど、もし出てきたらそれはピンチのサインだから、「誰かに助けを求めて！」ってアンコウントロールは言ってます。

転生した後…

少しずつ気持ちの調整ができるようになっても、アンコウントロールは転生せずにみんなの心の中にいます。もしものために備えて、みんなの心と体を見守ってくれるって。

どちらの未来を選ぶ？

・嫌なことを引きずって、ずっとイライラしたりモヤモヤしている世界。
・自分なりに気持ちを調整して、他のことに意識を向けられる世界。

下暗し
もとくら

下暗し（もとくらし）

ねらい　　自分の良さに気付く

名前の由縁　自分の良さがよく分からない　→　灯台下暗し　（分かりそうで分からないから）

出現場面　自分の良いところを見つけようとしても、なかなか見つからない時

攻略アイテム　じぶんメダル・長短サーチ・メデメ変換

いたずらフォースによる効力

友達の良いところはすぐに見つけられても、自分の良いところとなるとよく分からなくなってしまう人はいませんか？

「自分に良いところなんてあるのかな？」「自分の良いところなんて言ってもいいのかな？」と思ってすぐに見つけられないのは、もしかしたら「下暗し」の仕業かもしれません。

下暗しはフォースを使って、すぐ近くにあるのに見えないようにしているんだって。

いたずらの理由

実はね、下暗しは、元の世界では灯台の下の暗くなっている台の部分だったんだ。どうしてその担当をしていたかというと、下暗しはとても本が好きで、その中でもサン＝テグジュペリの「星の王子さま」が大好きなんだって。その本の中で、キツネが王子さまに「かんじんなことは、目には見えないんだよ」って言っていたんだ。心の目で見ないと大事なことはよく分からないという意味なんだけど、とても素敵な言葉だなぁと思ったんだ。だから、下暗しは暗い部分になって、「心の目でしっかり見ないと大事なものは見えないよ」ってことをみんなに伝えようとしているんだ。みんなには、「灯台下暗し」という言葉を是非覚えてほしいな。

転生した後…

自分の良いところが分かるようになったら、下暗しは転生して、映画館の足元を照らすライトになります。下暗しは、次生まれ変わるとしたら港にある灯台になって遠くまで光を届けてみたいと思っているんだって。

どちらの未来を選ぶ？

・自分の良さが分からず、なんとなく自信がもてない世界。
・自分の良さが分かり、自分の良いところと良くないところを受け入れる世界

おんぶだっこ

おんぶだっこ

ねらい　　**自分用の SS を考える**

名前の由縁　**負んぶに抱っこ　すべて他人に頼り切りになること（おんぶにだっこ）**

出現場面　**自分に必要な解決法を考えようとしても、つい人を頼ってしまう時**

攻略アイテム　**がったいアイテム・アイテムアレンジャー・アイテムメーカー**

いたずらフォースによる効力

　いろいろなアイテムを学んできたみなさんは、自分のことは自分で何とかしようと思えるようになりましたか？それとも、まだ人を頼ろうとしてしまいますか？

　自分の力で頑張った方がいいとは思ってはいるけど、やっぱり誰かに助けてもらおうかなと思ってしまうのは、もしかしたら「おんぶだっこ」の仕業かもしれません。

　おんぶだっこはフォースを使って、「人に頼ってもいいかな」という気持ちにさせようとしているんだって。

いたずらの理由

　実はね、おんぶだっこは元の世界では双子の兄弟で、両親はとても忙しく、おじいちゃんおばあちゃんに育てられたんだって。おじいちゃんたちは、兄弟の世話ができることをとても嬉しく思っていました。兄弟たちは、おじいちゃんたちを喜ばせようと、自分でできることも頼ってやってもらうようにしていたんだ。だから、相手を喜ばせるためなら相手に頼り切ってもいいと思っているんだ。でも、いつか時がきたらおんぶだっこは、立派に成長したことをおじいちゃんおばあちゃんに喜んでもらおうとも思っているって。

転生した後…

　自分にあった解決の仕方が分かるようになったら、おんぶだっこは転生して、おんぶ紐とだっこ紐になります。おんぶだっこは、次生まれ変わるとしたら、おじいちゃんとおばあちゃんのお世話をする人になりたいと思っているんだって。

どちらの未来を選ぶ？

・自分で自分のことを解決しようとせず、他の人に頼り切っている世界。

・うまくできないことがあっても、自分で自分の問題を解決できる世界。

● 監修 ●

小貫 悟

明星大学教授。1991年、早稲田大学人間科学部人間基礎科学科卒業。1999年、東京学芸大学大学院連合学校教育学研究科修了。博士（教育学）、臨床心理士。著書に、『授業のユニバーサルデザイン入門』『クラスで行う「ユニバーサル・アクティビティ」』（東洋館出版社）など多数。

● 著者 ●

イトケン太ロウ（伊藤健太郎）

中野区立令和小学校主任教諭。中央大学法学部法律学科卒業。東京都教育委員会開発研究員・教育研究員、治療教育士、日本LD学会員、特別支援教育士。著書に、『子ども・クラスが変わる！ソーシャルスキルポスター』『クラスで行う「ユニバーサル・アクティビティ」』（東洋館出版社）。異業種間交流を軸に自らの使命を追究する自己啓発サークル「I.D.HYBRID BRAINS」を主宰。「I.D.HYBRID BRAINS」HP http://www.idhybrid-brains.com。

● Special Thanks ●

渡邊正人（世田谷区立九品仏小学校）　北原翔（葛飾区立新宿小学校）　菊池あずさ（荒川区立第六瑞光小学校）
橋本猛生（中野区立令和小学校）　岡安桃花（葛飾区立新宿小学校）　古矢岳史（八丈町立三根小学校）
小田島早紀（東京都公立学校スクールカウンセラー）

参考文献

・小貫悟 イトケン太ロウ『子ども・クラスが変わる！ソーシャルスキルポスター』東洋館出版社、2019
・森俊夫『"問題行動の意味"にこだわるより"解決志向"で行こう』ほんの森出版、2001
・森俊夫『ブリーフセラピーの極意』ほんの森出版、2015
・ダニエル・ゴールマン『EQ こころの知能指数』講談社＋α文庫、1998
・岩田誠『プロが教える脳のすべてがわかる本』ナツメ社、2011
・ジュディス・ピーコック『怒りのコントロール』大月書店、2004
・坂爪一幸『特別支援教育に力を発揮する神経心理学入門』学研、2011

子どもが思わず動きだす！
ソーシャルスキルモンスター

2021（令和3）年3月20日　初版第1刷発行
2024（令和6）年7月26日　初版第9刷発行

著　者　イトケン太ロウ
発行者　錦織　圭之介
発行所：株式会社　東洋館出版社
　　　　〒101-0054　東京都千代田区神田錦町2丁目9番1号
　　　　　　　　　　コンフォール安田ビル2階
　　　　代　表　電話 03-6778-4343　FAX 03-5281-8091
　　　　営業部　電話 03-6778-7278　FAX 03-5281-8092
　　　　振　替　00180-7-96823
　　　　Ｕ Ｒ Ｌ　https://www.toyokan.co.jp

装　丁：宮澤　新一（藤原印刷株式会社）
印刷・製本：藤原印刷株式会社

ISBN：978-4-491-04332-6